中院流諸尊通用次第撮要

中川善教

序

各流に有る如くこの『通用次第』の「入句集」の両帖の初めに誌した目録の諸尊の一座の修法が修せられるのが諸尊通用次第の特徴である。目録にない諸尊の場合には「入句集」の如くその尊の「発願」「道場観」「結界」「讃」「礼佛」「本尊加持」等を訪索されるならば始終完具の次第をお持ちでなくとも、その尊の一座の修法が行ぜられるのが『諸尊通用次第』の利便さである。若し御希望の尊の入句の入手しがたい場合には、小衲に御照会下さらば入句を求めて御送り申し上げたい。

一座の修法を為さるについて、此の書は少し煩雑な説明を加えたようにも想い、或いは不足の点があるようにも想える。御法眷あって御高示賜わらば、足らざるは補い、過ぎたるは削って完全な『撮要』にしてゆきたいと思う。御法眷を賜わらば法幸これに過ぐるはない。

一座の修法は単なる概念の領域ではない。三密双修の修行の外に、一密二密の修行に依る證道の可能性も説かれているけれども、その一密に依る可能性は、三密の上に立った一密に依る可能性である。三密一致は理論で到達し得る境界ではない。実際に修するに依ってのみ開け来る道である。実修するということは、ただ無意味に念誦次第を順序にたどるということではない。そのためにそれを意義づけるために、念誦次第の構成、その一つ一つの印明の持つ意義を知悉しなければならない。経軌は勿論、高祖大師の『祕蔵記』の外に、『桧尾記』『高雄記』等を初めとして、先徳の行蹟を鑽仰し教義の研鑽もゆるがせにすることはできない。これが『通用次第』の持つ意義であろうと思われる。

引用の書は概ね漢文であるが引用に当っては殆んど総て書き流しにして掲載した。真言の梵字の句義釈は、もう十数年になるが高野山大学の松長有慶博士にお願したもので改めて厚く御礼申し上げる次第である。尚、真言の読み方は日本の伝統的な読み方にした。校正に当っては高野山大学助教授永崎亮寛先生の助力を得た。単に文字・行文の上のみならず、説所を文献に求めて訪索しあぐねている時、永崎助教授が文所を訪索されたことは一再にしてとどまらぬ。深厚なる謝意を助教授に致さねばならぬ。

昭和六十二乙卯年霜月念五日

於高野山親王院絶戯台

密流沙門　善教拝具

目次

中院流諸尊通用次第撮要

一　事相

佛前作法

密教では佛前修法の作法を備さに経軌に示されてあるのが特徴で、他の顕教に類を見ないところである。それはさりとて経軌の記述のままに微塵も変らずに修している訳ではなく、たとえば造壇の七日作壇の行軌は今日行われることなく、今日では一般に土壇は用いられることなく、謂わゆる水壇を用いている如き、護摩の炉の如きも、今日では本来の土炉を用いず、鉄炉を用うる如き、その他にも随分本来のあり方と異った箇処が少なくないが、事相という語の出処についてよく引かれる『大日経疏』の第八巻の文について、凡そ祕密宗の中には、皆因縁の事相に託して以て深旨を喩う（大正蔵第三十九巻六六六頁下）にある如く広い意味に用いられるが、狭義には択地・選日・造壇・印契・真言・威儀・観念等の事作法を称して用いられるのである。

七日作壇

狭義事相

事作法中で最も大切であり、その中心となるものは修法である。修法は行法ともいう。行法について述べるにあたっては、行法をする道場の荘厳、即ち須弥山を初め大壇等の意義典拠等について述べねばならぬのであるが、それらはその箇処について述べることにして、直ちに一座の行法について述べることにする。

二 行法の心得

四種法

一座の行法は最尊の佛・菩薩・諸天等を懇請して供養をし、所願を述べ誠を披攊して所願の成就を祈るにある。その趣旨によって、息災・増益・敬愛・降伏の四種に分れ、その成就を願う意念の広狭浅深に依って

世間出世

それぞれ世間と出世間の二種に分れる。たとえば息災法に於いて、世間の悉地は疾病等の災難を除くをいい、出世間の悉地は煩悩を断尽するをいう等である。いずれとも強く堅固なる信を根本にせねば、一座の修法

間冒地非難
得

は遂に何等の意味なきもの真似に終るのである。高祖大師求法の御苦労と、請来されたるこの法の尊さを十分思うべきである。高祖大師のえらばれた恵果和上之碑の御文の中に挙げられたる恵果和尚の述べられたる御辞に、「冒地の得難きに非ず、此の法に遇うことの易からざるなり」或いは「一尊一契は證道の経路一字一句は入佛の父母なる者なり」とあること深く思うべきである。空気の恩寵を思わぬ如く、大師の深き恩寵に馴れて、此の法に遇うことのありがたさ、此の法の持つ意義を見失うことのなきように心すべきである。

三　十八道立

先ず法衣であるが、釈尊在世当時に「僧祇支」なるものが佛制に依って定められ、その裁縫の法は今日にまで伝えられているけれども、実際の着法は十分理解され難くなっている。それがいろいろの事情・條件に依って、少しく形を改めて「褊衫」になったことは十分理解されるが、律衣としての性格を脱して、例時の衣体として例時の言葉を冠して右前の衣体として今日に用いられているが、真言宗の僧の自行に着する衣体として一般に用いられている。それが褊衫と裙が合体して直綴へ流れていったことも十分考えられるのである。それが更に横ひだや竪ひだに分れて高野の僧衣として空衣や素絹などに分れたことも考えられるのであるが、但し空衣の缺腋は何から出てきたのかは未考である。

大壇については三壇構えと一壇構えがあるが、三壇構えなどは一般の寺院ではあろう筈もないので一壇が据えられるとすると不二壇になるのでそれについて記したい。一壇となると大は六尺から、小は三尺五寸くらいのものまで行われている。四尺壇が普通と考えてよいであろうか。高野山では引方と心方で壇上の荘厳が別れてくる。地方では住職の意楽に依って引方と心方とを考えるべきであろうが、先ず引方で説明をすると、花形壇を用いて、壇線は壇の東北艮より引き始め、不二線ならば上転・下転・上転・下転と引く。胎蔵線ならば全部上転、金剛界の線ならば全部下転に引く。瓶は心方は中央に白、巽に出て黄、坤に出て赤、乾は青、艮は黒、木の造花を用いるのは三宝院で、中院流は紙の造花である。引方は巽へ黄、坤に赤、乾は青、艮は黒の造花である。心方は随方で艮へ黄、巽へ赤、坤へ青、乾へ黒。五宝や采帛のこともあるけれども潅頂以外に関係のないことであるから説明は避ける。尤も不二線は使わない方がよいという説がある。

高野山では持佛に東胎西金に両部曼荼羅を掛ける例になっている。随方にならぬ場合には、向って右に胎蔵、左に金剛界を掛け、胎蔵の右には高祖御影、金剛界の左には四社像を掛け、四社像は絵の場合には神像、木彫の場合には本地佛の例になっている。適当の場所に先師代々の位牌が祭られる。

八祖像は本堂に掛けられる。掛け込みに伝持の龍猛・龍智・金剛智・不空、右側には善無畏・一行・恵果・弘法と祭る。竪に或いは横に掛けられる例である。『初心暗誦要文』に、龍三・龍経・金珠・不縛・善指・一内・恵童・弘五と像様に依って八祖を見分ける頌が載っている。

諸尊を勧請して御供養する作法について、十八道立と大法立と別行立の三種に分類される。

十八道立

先ず十八道立てについて述ぶるに、大師御作と伝うる『十八契印』(大師全集第二輯六三四頁)がある。此の著述については、恵果和尚説、高祖大師記、或いは高祖大師の御作等異説多し。賢宝師の『宝冊鈔』第三(大正蔵第七十七巻八〇三頁上)に、大師三学目録に不空所訳の無量寿・如意輪・阿閦・軍荼利等の軌を以て金剛頂部に之れを載せらる。此れらの儀軌に十八道の真言・印契を説く。

十八契印

然るに金智不空両三蔵の所訳の如意輪の儀軌に依って、大師、十八契印の儀軌を撰出したまうというているが、この書を本拠として組立てられたものといわれる。

如意輪儀軌

十八契印を本として修する供養法である。頚次第というのは、一、何々一、何々、というように箇條書きに近く記した簡便な次第という意味で恐らく儀軌の文を挙げて編成されたものがあって、それを宥快師らが和会したものといわれている。

十八の名義

名義について十八とは、六根・六境・六識の十八種の所迷の煩悩対治の表示とする義、金剛界の十八会を表示する義、金剛会の九会、胎蔵法の九尊両部不二の合行を表示する義等というも、十八契印ある故に十八の数ありと心得べきか。道というのは能道、開通の義。有無両辺を離れたる中道の義、当相即道の義等の説がある。十八之《カ》道の依主釈と、十八

持業釈

即道の持業釈があるが、持業釈を以て勝れたりとする。但し十八契印には道場観の文を出して拳印を説いてないので十七印言となる。十八道は

六法

身・界・道・招・結・供の六法の開立である。

六法
- 身五（護身法の浄三業・三部・被甲）
- 界二（前結界の地結・四方結）
- 道場二（道場観・虚空蔵）
- 招三（送車輅・請車輅・召請）
- 結三（後結界の部主・虚空網・火院）
- 供養三（閼伽・花座・普供養）

十八道

十八道六法

六法は又次の如く世間の迎賓の作法にあてることができる。十八六法の一つの見方でもある。天部には多分十八道立を以て修す。

十八道次第は『弘法大師全集』第二輯に、『十八道頸次第』と『梵字十八道』と『十八道念誦次第』と『十八契印』があるが、『大正蔵』（第十八巻七八一頁）に収められた本の奥には、『十八契印』は伝えて恵果和尚の製

三十帖冊子と十八道

といい、或いは弘法大師の作という。今按ずるに、『三十帖冊子』の目録に云く、『大聖歓喜天経』一巻（不空訳、巻末に十八道頸次第有り）又

十八道と宝冊抄

云く、梵字十八道真言と。此れを以て之れを思うに、大師作の二本に拠って之れを記す乎とある。『弘法大師全集』第二輯六四八頁には賢宝師の『宝冊鈔』三を引いてある。曰く初めより浄三業まで金剛智の如意輪菩薩瑜伽法要（大正蔵第二十巻二一一頁）に収められた文である。自下は不空三蔵の如意輪（大正蔵第二十巻二〇三頁）の文である。故に別の訳者の名なきのみ。問う然らば誰人かこれを抄出する哉と。次に中川上人の弘法大師の御撰なりという答を挙げている。

十八道生起

十八契印略生起

清水寺の智虚空蔵定深記の『十八道生起』一巻より撮要せる『十八道略生起』がある。表題の下に「中」とあるから、道猷師の記せる如く、中院流の古徳の記したものであろう。内題は「十八契印略生起」とある。

十八契印略生起

行儀ニ有リ二六法一含ス二於十八義ヲ一

一荘厳行者法　有五

　一浄三業　二佛部　三蓮花部　四金剛部　五護身

二結界　有二

　一地結　二金剛墻

三荘厳道場法　有二

　一道場観　二大虚空蔵

四勧請法　有三

　一送車輅　二請車輅　三召請

五結護法　有三

一当部明王印明　二金剛網　三火院

六供養法　有三―一

一閼伽　二花座　三普供養

夫欲入三密道者先《ツ》須《ク》レ調二浄荘厳自身（浄三業三部）護身之意既《ニ》身調浄《セハ》者亦応四加二持清三浄界地《ヲ》一（地結金剛墻之意）既《ニ》加二持《スレハ》界地《ヲ》一者須《ク》レ荘二厳《ス》道場《ヲ》一（道場観大虚空蔵之意）既《ニ》荘厳《セハ》者応《シ》レ請《ス》二本尊《ヲ》一（宝車請車召請之意）既《ニ》得《ハ》レ請《ヲ》者須《ク》レ作《ス》二結護《ヲ》一（明王空網火院之意）既《ニ》作《シ》二結護《ヲ》一已《テ》内外無《クメ》レ障然後致《ス》二供養《ヲ》一（閼伽華座普供養之意）儀軌者大師御作生起者相承祕訣

儀軌というのは『十八契印』（弘法大師全集第二輯六三四頁）をいう。

一、護身法五 ―
- 浄三業　三業を浄む
- 佛部　身業を浄む
- 蓮花部　語業を浄む
- 金剛部　意業を浄む
- 被甲　甲冑を被むる

― 主人の身仕度

段	作法	意味	要旨
二、界二（前結界）	地結	地堅めを為す	座敷建設
	四方結	四方に柵を結ぶ	
三、道場二	道場観	座所を荘厳す	
	虚空蔵	理の荘厳を為す	
四、招三	送車輅	宝車を以て本尊を迎う	客を迎う
	請車輅	宝車に諸尊を載せ牽き来る	
	迎請	座所に迎えて坐せしむ	
五、結三（後結界）	部主	魔を防ぐ門番を為す	敬護
	虚空網	虚空に魔よけの網を廻らす	
	火院	四方に魔よけの火を廻らす	
六、供養三	閼伽	本尊の御足を洗う	接待
	花座	花台を供ず	
	普供養	種々の供養	

四　別行立

両部大法に依らず十八道立次第により一尊法を行ずるを別行立という。これに五種・八種・九種・十種がある。

別行文四種類

五種　四無量観　勝願　大金剛輪　地結　四方結

八種　四無量観　大金剛輪　地結　四方結　召罪　摧罪　業障除　成菩提

九種　右の八種に金剛眼を加う

十種　右の九種に勝願を加う

この外二種は地結・四方結。三種は二種に大金剛輪を加える。元杲師の伝なりという。三宝院流は多分九種の別行を用い、安流は十種の別行を用う。中院流は何れをも用う。要するに十八道法に金剛界大法中の印明を増加したもので、「五悔」の次の「三力」より道場観に至る間の印明

別行立の九種十種

の増減に依って二種乃至十種に分れるのである。『理趣法(金)』に十種有るが如しである。別行法には金・胎・不二の有る中大概不二の別行法を用いる。即ち結界・理供・字輪観定印に、胎の不動、理供の八供養を五供養に、字輪観に法界定印を用いるのである。このことは終りに詳しく引くが、『行法肝葉抄』巻中（大正蔵第七十八巻八八九頁上）に、別行立について一座行法を見る時、

発菩提より五大願に至る	因	行法肝葉抄
四無量心より礼佛に至る	行	
入我我入より本尊加持・正念誦	証	
字輪観	入	

に配せられ、散念誦は利益衆生の方便である。猶一座の行法は始覚門に依れば正覚修生の求道行で、自心の本不生を知って本覚門に立てば衆生に向う化他の行になるが、常には両者を兼ねたるものと心得べきである。その故に一座行法中に已究竟未不成の観念が交えられてあるのであ

る。佛の立場に立っての観念と迷える凡夫の観念とがそれぞれ交えて成立しているのである。

五　大法立

大法立

両部の大法に従い、道場観・本尊加持等に修せんとする本尊を入れて行ずるをいう。大法立は外儀としては十二人以上の伴僧を以て修し、印明は金胎両部の印契を結び修法す。但し大法立は平素は用いない。

六　祕法

祕法

祕法と称せられるものは、祕密の深義有る法にて、濫りに伝えぬ法である。密宗の深意をあらわすもので、如意宝珠法の如きがこれにあたる。

兼大法

更に、大法に祕法を兼ねる兼大法といわれるものがある。

七　聖衆懇請の儀式

聖衆懇請

十八道と賓客

行者用意

十八道・別行等の差はあっても、要するに修法は聖衆を特請するものであるから、その心得を肝要とする。例を十八道にとれば、前にも図で示したが、最初の護身法は主人の身仕度である。凡そ清浄の事業たる聖者に接する場合は、身心の清浄無垢を活現する要がある。世間でも貴賓に接するには、信用をもととする。信用とは自己の身心の行動所作より発する霊光である。佛に対するも亦同様である。ここに三業の清浄をはかり無垢の霊能を現わす。即ち浄三業は文字の如く総別の三業を清浄にし、更に被甲護身で身心を堅固の甲冑で堅め、総ての誘惑を退け、妄想の襲うを警戒するのである。地結・方結の前結界の二は、招待する家屋の新設若しくは修理装飾にあたり、地結は地堅め、四方結は垣や壁にあたるのである。道場観は御座所の荘厳で、大虚空蔵は御座所に用うるい

火院

ろいろの荘厳である。招待する座所ができて、車を送って迎える。これが勧請の三つの送車輅・請車輅・迎請である。後結界の三は貴賓に対する警護に相当する。部主は暴徒に備える門衛、虚空網は空中より入る悪鬼に備える。火炎或いは火院というは更に四囲八方の警固を厳重にするものである。以上のように一座の修法は至尊に対する接待として、至誠を致して厳修するを要とするのである。

八　四種法

四種法

修法の趣旨・意楽について四種法がある。拝む上の願い希望についての要項である。その成就について世間と出世間の二種を分つ。

息災 ┬ 世　間 ― 治病　除災
　　 └ 出世間 ― 罪障消滅　煩悩を息む

増益─┬世　間─延命　福寿増長
　　　└出世間─定慧等の功徳増長

敬愛─┬世　間─人より愛せられ敵も廻心せしめ和平ならしむ
　　　└出世間─一切を調和せしめ諸佛菩薩の加持護念を受く

降伏─┬世　間─王難・賊難・兵難を降伏
　　　└出世間─無明を断除し煩悩を降伏

息災の四種

息災は苦難・災害を止息する法、扇底迦（Śāntika）訳して寂災ともいう。『桧尾記』には四種の息災が記されている。

一、滅罪─四重五逆罪等を滅す。

二、滅苦─三途（地獄・餓鬼・畜生）八難（正法を聞く能わざる八種─地獄・畜生・餓鬼・長寿天・辺地・盲聾瘖瘂・世智弁聴・佛前佛後）等を滅す。

三、除難─七難（明失度等─異説あり。観音義疏には水難等）等を除く。

四、悉地―上中下世出世の悉地を得。

上成就法　息災を四種法の通法として、上成就の法と呼ぶ。常の修法はこの息災の様を以て修す。

増益法　増益は物心両面に亘り利益を増長せしむる法で、福徳智慧繁栄等を祈る法、補瑟底迦(Puṣṭika)という。『桧尾記』に次の四種の増益がある。

一、福徳増益　二、勢力増益　三、延命増益　四、悉地増益

敬愛法　敬愛は自他相互の間に敬讃し相愛し和合せしむる法、伐施迦羅拏(Vaśikaraṇa)訳して慶愛ともいう。『桧尾記』に次の五種の敬愛がある。

一、媚厳敬愛（婚びて相愛す）　二、信伏敬愛　三、和合敬愛

四、鈎召敬愛　五、悉地敬愛

降伏法　降伏は調伏ともいい折伏法ともいう。阿毘遮嚕迦（Abhicāraka）悪人悪心を伏する法である。『桧尾記』に次の四種の降伏がある。

一、摂化降伏（人非人を調伏）二、除難降伏（王難・怨讎等を除く）

三、無名降伏（佛法中の苦難を抜去る）　四、悉地降伏（諸邪法の

障碍を除く)

九　房中作法

普通、諸次第には「自房中至佛前作法如常」とある。四度次第の中の『金剛界次第』には「手を洗い」云々と具さに出してある。『石山次第』には更に具さに出してある。真言行者は必ず四威儀に亙って如法の行動をせねばならず、昔は居間に脇机一脚に塗香器・洒水器を置き、法衣を着け塗香・洒水を作法して入堂したのである。淳祐師の『石山脇机』という書物があって、房中作法が掲げてある。初めに高祖の遺誡を出し、次に不応食之事、六念之事、四威儀作法、大小便所に入る作法、温室に入る作法、悪夢を見た時の作法、食時作法、睡眠作法、上堂作法等を記す。『菩提場所説一字頂輪王経』第二(大正蔵第十九巻二〇一頁上)に、

石山脇机

四威儀法

換内衣巳以此真言護身。

と内衣を改めるについての記事がある。『略出念誦経』第一（大正蔵第十八巻二二四頁中）に洗面・洗浴等の作法の記事がある。

一〇 五作法

真言行者に与えられた五つの定まった作法がある。第一に洗面手、第二に厠の作法、第三に浴室の作法、第四に寝臥作法、第五に食作法である。これをまとめて五作法と称する。『略出念誦経』第一（大正蔵第十八巻二二四頁上）に洗面・洗浴等の作法が記されている。

一、洗面手　左の手は定にあって、右の手は慧に配する。十指は十波羅蜜と観ずる。『祕蔵記』（弘法大師全集第二輯二八頁）に、

十度といっぱ、壇・戒・忍・進・禅・彗・方・願・力・智なり。右手の小指を壇といい、左手の小指を慧という。先ず右の小指より始めて数う可し。（以下三二頁）左手は静なり故に理と名づく、胎蔵なり。

右手は一切の事を弁ず、故に智と名づく、金剛界なり。左手の五指は胎蔵の五智なり。右手の五指は金剛界の五智なり。左の手は定なり右の手は慧なり。十指は即ち十波羅蜜なり。或いは十法界なり。或いは十真如なり。縮むれば則ち一に収め、開けば無量の名有り。

『大日経疏』第三（大正蔵第三十九巻六一二頁中）に、

復次に身印の如きは左の手は是れ三昧の義、右の手は是れ般若の義なり。十指は是れ十波羅蜜満足の義、亦是れ一切智を五輪を以て譬喩する義なり。

という。纏めて『十度異名』と題する書物がある。十指の名について『金剛童子持念経』（大正蔵第二十一巻一三三頁）と、『毘沙門儀軌』（大正蔵第二十一巻二二七頁）と、『吽迦陀野儀軌』（大正蔵第二十一巻二三三頁）を挙げてあるが、別に十指の名を纏めて説いてある訳ではない。十指は小指・無名指・中指・頭指（食指・人指）・大指（大拇指）の外、小指より始めて地・水・火・風・空、或は右の小指より檀・戒・忍・進・禅、左手を定、或いは右手を智、或いは左手を福、右手を悲、左手を慈等といい、両手を二羽、十指・十度・十輪・二掌等という。普通次の頁の図の如き左右十指の異名が行われている。浄厳師のまとめられた「十度異名」なる図がある。次の如くである。

十度異名　不許他見

左右十指異名　慈覚伝

大指頭指之股名虎口、左右同出金剛界軌、是医者之名目歟

五指曰五輪、二手曰二羽、又曰二翼、又曰日月掌

節間云文、掌中曰月、十指曰十度・十峯・

十輪

右手

智・日・観・決・悲・智・実

智・慧・般若・金剛界・仏界

小	無名	中	頭	大拇	
			金		
			食		
色	受	想	行	識	五蘊
信	進	念	定	慧	五根五力
勝	高	光	蓋	輪	五仏頂
禪	進	忍	戒	檀	十度
慧	方	願	力	智	金剛界異智
檀	戒	忍	進	禪	不空
𑖀	𑖪	𑖨	𑖮	𑖏	五字
地	水	火	風	空	五大
火	水	金	木	土	五行
寒温指	脂粉指	強力指	東西指	禮法指	

右手

禅・月・止・従・慈・福・権・
理・定・三昧・胎蔵界・衆生界

	小	無名	中	頭	大拇
摂真実経・蘇悉地経	小	無名（俗云薬指）	中	頭（人指 和語）	大拇
略出経				金剛	
陀羅尼集経				食	
毘沙門天王儀軌	色	受	想	行	識
大日経阿閦軌	信	進	念	定	慧
奇特仏頂経	勝	高	光	蓋	輪
摂無礙経秘可考之	智	力	願	方	慧
略出経大日経疏	檀	戒	忍	進	禅
蓮華部心儀軌	慧	方	願	力	智
摂大儀軌	𑖀	𑖪	𑖨	𑖮	𑖏
大日経義疏	地	水	火	風	空
有書説不知本説	火	水	金	木	土
孔子妙行経	寒温指	脂粉指	強力指	東西指	禮法指

天和三稔正月十七日校共了
金剛弟子淨嚴 四十五載

慶應二丙寅冬十一月吉辰
写之畢 [illegible]仏子増栄

漱口作法　漱口の時は金剛喜の呪《オンバザラナドナク》、目を洗う時は佛眼呪ノウマクサマンダボダナンセンダバロシャノウソワカ、洗面の時は金剛笑の呪《カサカク》を唱える。

厠作法　二、厠　烏瑟裟摩の三昧地に住し、二手を蓮花拳になし、左手の拳を以て胸に当て、右手の拳を以て額を印してクロダノウ次に右肩・左肩・胸・喉にあて同呪を唱う。厠中にては字を観ず。『軍荼利軌』(大正蔵第二十一巻四九頁上)には、

便易及諸穢処、用嗚樞瑟摩金剛心密言印加持五処、諸魔不得其便、速得成就。

として次に心密言を説く。

浴室作法　三、浴室　烏枢沙摩の真言を用い、前印にて五処加持す。

寝臥作法　四、寝臥　右脇に臥し、睡眠呪《オンバザラシヤニウン》。

食作法　五、食作法　常の如し。

以上を五作法といい、行者毎日に用うところである。

一　着衣

着衣作法　三宝院流では法衣を着ける時には先ず小三股の印にて𑖮𑖳𑖽字を以て加持して法衣を着し、次に袈裟を加持して着す。当流には特に作法なく着し終らば直に護身法を結び、二手金剛拳にして、左の手を腰に安じ、右手を仰いで胸に安じ、金剛薩埵の威儀に住して上堂する。近来師伝として二拳を腰に当てて上堂する。

二　上堂

上堂作法　念珠を二匝にして両母珠を左の頭指に掛け掌中にして、一歩一歩蓮花を踏むと思い歩む。金剛薩埵の観に住するのである。薩埵の威儀の本拠について『五秘密儀軌』には、三密を修する金剛一乗の人皆金剛薩埵と

名づく、とあり又行者が金剛薩埵の威儀に住することは『摂真実経』巻中に、

正しく金剛薩埵菩薩を観じて瑜伽行者自ら観ぜよ、我が身は是れ金剛薩埵なり。我が語は是れ金剛、我が心は是れ金剛なり（大正蔵経第十八巻二七七頁上）。

とあって真言密教の瑜伽行者は総て金剛薩埵と観ずべきことが示されている。

道場に入る時避除の意味で𑖮𑖳𑖽を唱えながら右の拳で弾指三遍を発する。『略出経』第一（大正蔵第十八巻二二五頁上）に、開門の時即ち𑖮𑖳𑖽字の密語を誦ぜよと説かれてある。𑖮𑖳𑖽字に開門避除の功徳がある。道場に入って、右の眼に𑖦左の眼に𑖘有り次での如く日月輪なりと観ずる。この両眼を以て見るが故に諸魔退散し、諸佛充満の法界宮と成るのである。『高雄口決』（大師の口説を真済師が高雄で纒めた口説を天長七〜九年頃神護寺に於いて記す。事相・教相六十二条の口訣、実慧師の『桧尾口決』と

共に尊重すべき書）に、日月の二目を以て堂内の諸尊を見奉る時、諸魔皆遁避し諸尊皆現ずとある。歩く時には右足より先きにする。壇前普礼の時は念珠を左腕にかける。念珠は腕にかける時は一匝、手に持つ時は二匝、机に置く時は三匝、これ諸流一致の作法である。

一三　印母

十二合掌

印を結ぶについて『大日経疏』第十三の「密印品」に、三蔵の云く、西方には尤も印法を祕す。作す時は又極めて恭敬す。要ず尊室の中及び空静清潔の処に在って当に浄浴し厳身すべし。若し一一に浴すること能わざる者は必ず須らく手を洗浄すべし。嗽口して塗香を以て手等に塗って方に作すことを得るなり。又作す時は須らく威儀を正しくし跏趺等に坐す。爾らざれば罪を得。法をして速かに成ずることを得ざるのみ（大正蔵第三十九巻七一五頁中）。

結印作法

金剛智三蔵奉詔訳の『不動使者陀羅尼祕密法』の作無畏清浄印を説く段には、

衣の下に此の印を結べ（大正蔵第二十一巻二五頁下）。

と印は明らかに結ぶものでないことを記している。慈覚大師は印袋とて両手を入れて印を明らかに結ばんための袋を唐土より将来されたという。事相の各流派に依って印の結び方についてはいろいろあるが、『観自在菩薩随心呪経』には、

像前に印を作すには、袈裟を以て覆い、浄巾を以て其の印を覆う（大正蔵第二十巻四六一頁上）。

と示されている。高岡隆心阿闍梨より法衣を着ていない時にはハンカチーフでよいからその下で結べと承ったことがあって、印は決して明らかに結ぶものでないと注意を与えられたものである。三宝院流では右の袖の内に結び、広沢西ノ院は法衣の左の袖の内に結ぶが、これは『准胝の儀軌に依る。中院流と安祥寺流と御流では袈裟の下で結印するのである

が、これは『陀羅尼集経』の説である。師伝として法衣の左の袖の内にて上から袈裟をかけて結ぶのである。同経に、像の前にして印を作して袈裟を以て覆い或いは浄布を覆うとある。

印契とは、印は決定不改の義、偽りなきを契といぅと『祕蔵記』（弘法大師全集第二輯八頁）にある。印は総て印母より生ずる。印母に合掌と拳とある。十二合掌は『大日経疏』第十三（大正蔵第三十九巻七一四頁下）にも出ているが、

一、堅実合掌　十指を直く立て両掌の間を堅くつける。掌を強くつけて指端が少し開く程にする。

二、虚心合掌　掌の間を少し空間をつくる。

三、蓮花合掌　掌の間を更にふくらまし蓮花の蕾の如くす。

四、初割蓮花合掌　水火風の端を少し開く。火指は少し多く開く。蓮花の開き初めた形である。

五、顕露合掌　両手を仰げ並べて両手の小指の側をつけ合せる。指

の先きを少し下げて、向うの人から両掌の内の見えるように顕露にする。

六、持水合掌　両手を開き鉢の印の如く水を掬む形の如くする。

七、帰命合掌　金剛合掌である。真言宗では右を上になるようする。

八、反叉《ほんさ》合掌　両手の背と背を合わせて指を交える。

九、反背互相合掌　両手を伏せて右手を左手の背につける。

十、横中指合掌　二中指の端をつけ、餘の八指を八葉の如く開き立て、向うむきに横にする。

十一、覆手下向合掌　両手を覆せて二中指の端をささえ、餘の八指をつけない。

十二、覆手合掌　二手を並べ覆せ二大指を並べ接し、十指の端を外に向ける。

十二合掌の中で多く印母として用いられるのは、虚心合掌と蓮花合掌と帰命合掌とである。

四種拳

拳に四種ある。

一、金剛拳　地水火の三指を握り、大指を少し屈し、指の端にて火指の側を押し、頭指の端で大指の甲の上につける。

二、蓮花拳　地水火風の四指を握り、大指の腹で風指の上節の側を押す。

三、内縛拳　十指を内に交えて縛す。

四、外縛拳　十指を外に交え縛す。

この四種拳から、

一、如来拳　左を蓮花拳、右を金剛拳にして、右の小指で左の大指の初分を握る。

二、忿怒拳　水火を掌に入れ、大指で火指の側を押し、地風二指を舒べて深く鉤して牙の形にする。

の二種が生じるが、印母は上の四種拳である。

一四　普礼

普礼作法

中　礼

登壇の前の佛前礼拝で、総じて三部・五部を礼する。古くは金剛合掌して五体投地をしたのであるが、室町時代頃から柄香炉を取り中礼三度をするようになった。典拠としては『陀羅尼集経』第十二に、登壇の作法がある。香炉を執ることが出ている。

乃し寺舎佛堂の所に至り、乃し露地に於いて之れを作すも亦得たり。定んで処を知り已って其の白月一日平旦に至り、阿闍梨と諸弟子と香湯に洗浴し新浄衣を著し、諸の香華を将って其の処所に至り、阿闍梨、跋折羅を把り、まさに彼の諸の弟子に問うて言く、汝等必ず能く決定して我が諸佛等の祕密法蔵を説くを受け疑惑を生ぜざるや不や。徒衆答えて言さく、我等、佛法中に於いて、決定誠信して疑惑を生ぜず是くの如く重重三問三答徒衆答え已って、然して後阿闍梨手に香炉及び浄水等を把り、馬頭の印を用って其の浄水の呪三七遍を印して香炉を把って踋跪焼香し、仰いで一切諸佛般若菩薩金剛天等、及び一切冥聖業道に啓さく、今此の地は是れ我が地なり、我れ今七日七夜都て大道場法壇の会に立ち一切十方世界の恒沙佛等一切般若波羅蜜多一切大地諸菩薩衆金剛天等に供養せんと欲す。仰ぎ請う諸佛領諸徒衆、決定一切祕密法蔵不可思議大法門の故に諸の證成を取らん。我れ今護身結界供養法事を作さんと欲す。此の院内東西南北四維上下に在って、有らゆる一切悪神鬼等。皆我が結界の所七里の外に出で去り、若し善神鬼我が佛法中に利益有らん者、意に随って住せよ（大正蔵第十八巻八八六頁上）。

焼　香

等とあり、諸佛を礼するに香炉を執れとあるし、『軍荼利儀軌』には礼拝にあたって普礼の明を誦ずべきことが示されている。

一一の聖衆の前に於いて捨身奉事せよ。密言の加持に由るが故に、諸聖衆皆悉く摂受を蒙むる。又応に五輪を地に著け礼を作せ。復想え、自身遍く一切如来及び菩薩のみ足を礼せよ。密言に曰く、

唵薩嚩怛他引蘖多播引娜満娜南迦路弭

此の密言の加持に由るが故に、能く瑜伽者をして座を起たずして遍く十方に至り、真実に一切塵刹海会の諸佛如来を敬礼す（大正蔵第二十一巻四三頁上）。

普礼真言

香をたく香炉を持つは、諸尊の来迎を請うためである。

真言は《オンサラバタタギャタハンナマンナノウキャロミ》（オーン　私は一切如来の御足を礼拝いたします）。

一五　着座

着座作法

壇前に至って蹲踞して磬架の撞木を外し、磬架の向うの柱に立てかけ、次に脇机の柄香炉を取る。柄香炉を右手で取れば、左手を向うに添えて左斜めにし、左手で取れば右手を向うに添えて真直ぐに持つ。中礼は提灯礼というように腰を曲げず提灯をたたむようにして三礼をする。

扇を持てる時は壇前に蹲踞して、先ず磬架の前に横に置く。道場が狭く承仕などが足跏にするような懼れのある時には、磬架と礼盤の間に置くのは便法である。中礼が終って蹲踞し柄香炉を脇机に置いて右膝を礼盤にかけ、にじり上りに登壇、右足が左足の上になるように坐る。半跏座である。結迦座・半跏座のうち半跏座が普通である。両足の間に内衣を挿んで膚の触れあわぬ用心をする。真言は前に普礼に出したと同じである。前の普礼は三部五部つまり曼荼羅の聖衆を礼し、今度のはこれから行法し御供養する本尊海会の諸尊に普礼するのである。

一六　弁供

弁供

着座して弁供をする。先ず右手の大指を掌に横たえ、掌を仰げて右は閼・塗・花と少し突きやるようにし、左方は左の手を右の手と同じようにして塗・花・閼の順序で突きやるようにして直す形をする。その他正しくないものがあったらその時一緒に正しく直して、そのあとで手を触れることはしない。因みに六器に花を盛るのは、初めに閼伽柵に六器を重ね一番上の器に水を入れ、器を手前に引き上げ水を下まで移して一番下のを捨て、そのように三度して、鉢を三器づつ重ねて二つに分け閼伽盆に並べ一番上に閼伽を入れ、堂に入って大壇に鉢を置き花を盛る。花鬘は五枚であるが中院流は正面を本尊に向け五枚を均等に盛るのである。

花を盛る

一七　着座普礼

着座普礼は小野方のみの作法で広沢では用いない。念珠を軽くすって脇机に置く。念珠については又後で記すが、「念珠摺様流々不同叓」と包紙にも本紙にも書いてあり、美濃紙を二つ折りにし、それを又四つに折ったものに、中院流と安祥寺流と御流と三宝院流と西院流の扱いが書かれていて奥書に、

着座

天文廿一年六月　日
宝性院宥快御自筆本快旻申請写之

念珠磨切

とある。中院流は、要を挙げて書流しにすれば、
緒留を左の頭指に懸け、弟子を掌の内へ入れ、右は傾け左は覆せ摺
止る時、右の手を手前へ引也。

とある。総じて念珠をするにあまり荒々しくはすらぬものである。前の壇前普礼に対し本尊界会の聖衆に礼拝をするのである。

焼　香

次に香を薫ずる。火舎・柄香炉には必ず抹香を盛る。その盛り様は等如何様に盛ってもよいが、左に点香をして順に右へ燃えるよう盛らねばならぬ。五種香を薫ずるのは、始めに着・弁・念・香の時に三度程に全体に薫じ、そのあとは火のところに一度五種香を薫ずるのである。『祕蔵記』（弘法大師全集第二輯三一頁）に文がある。

香を薫ずる

念誦の時の焼香の法。最初と又現智身と又道場観の始めと、又将に念誦に入らんとする時と、又観念し了って将に供養せんとする時と

なり。

衣紋繕い

現智身のない次第には四処焼香であることが知られる。猶、香についてはʼ『蘇悉地経』巻上の「分別焼香品」（大正蔵第十八巻六〇九頁下）に沈水・白檀・欝金を初めとして沢山の種類が挙げられている。

焼香終って衣紋繕いをする。着・弁・念・香・衣の順序に作法するのである。尤も念衣香と焼香の前に衣紋繕いをする派もある。中院流では何れともあれ衣紋を繕うのは左を先きにする。着座して直ぐに衣紋繕いをするのは作法としては疎略である。と、播磨の浄土寺の土師原穆秀上綱より承った。着座普礼は前の入堂して直ぐの礼拝に対し別して本尊界会の諸尊に礼拝する。

一八 塗香 洒水

塗香と洒水と念珠は中院流では次の頁の図のように左の脇机に置く。

これは佛辺に約するものである。塗香器と洒水器には、花垸と蓋がある。戒・定・慧の次第である。

広沢流では次の頁の下図の如く脇机に置く。これは戒・定・慧と衆生辺に約する置き方である。

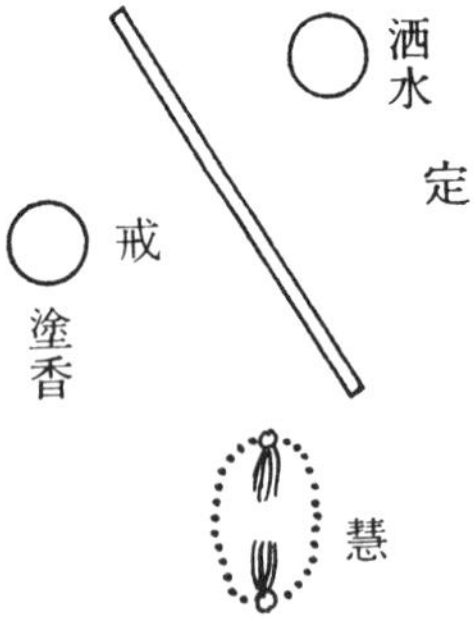

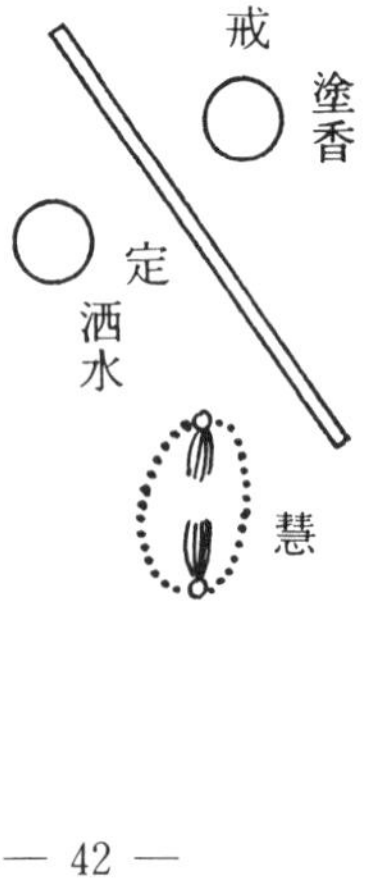

塗香

塗香は上古時代には名香を水に和して用いている。『観智儀軌』に出ている如くである。細註に曰く、

其の塗香は手の上に於いて水に白檀・龍脳を磨し、泥の如くす。是れなり（大正蔵第十九巻五九六頁中）。

とあって「遍く二手乃至臂肘に塗れ」とある。『蕤呬耶経』巻中（大正蔵第十八巻七六七頁中）に製法が載っている。曰く、

其の塗香は、白檀香、沈水香、迦湿弥嘌香、苾唎曳応舊香、多迦羅香、優婆羅香、苾利迦香、甘松香、丁香、桂心香、龍華香、禹車香、宿渋蜜香、石南葉香、蘆根香、苾菟二合涅去耶汁香、乾陀羅二合沙汁香、沙陀拂瑟婆香云迴香、婆沙那羅跢迦香勢去礼耶香、闍知皤怛羅二合香云婆羅門荳蔻葉、香附子香、吉隠二合底香、隠摩豆唎迦香、胡荾香、皆置龍脳、応に雨水の未だ地に随ちざる者を用いて塗香を作るべし。

弘法大師は儀軌にあるように水でねった塗香をお用いになったのか、或いは今日のような乾燥した塗香をお用いになられたのか、土壇をお用いになったのか、水壇をお用いになったのかということと同じように興味のある問題である。

塗香洒水の蓋の置き様

塗香器も洒水器とも蓋は塗香器の前に置く。晴れの時には左手で蓋をとることは許されるが、自行には塗香器・洒水器の蓋、念珠とも、右手

で取るべきである。観念の文の五分法身について多説があるが、『大乗義章』第二十本（大正蔵第四十四巻八五〇頁下）には、

此の五種分別せるを「分」と名づく。又「分」は是れ因なり、この五種は身を成ずるの因なり。故に名づけて分と為す。法は自体に名づく、此の五種は無学の自体なり、故に名づけて法と為す。又法は是れ其の軌則の義なり、此の五種は身を成ずるの軌なるが故に名づけて法と為す。身とは是れ体なり、此の五は佛の体なり、故に名づけて身と為す。又徳の聚積を亦名づけて身と為す。

といい、次に同書の実について論ずる説を出せば、

法身体浄にして過として起すべきなし、故に名づけて戒と為す。定は真心体寂にして自性不動なり、故に名づけて定と為す。慧は真心体明らかにして自性に闇無し、故に慧解脱は、自体に累なし、故に解脱という、解脱知見とは自実を證窮してもと染なしと知るに名づく。己が出累を知るをいう。

解脱知見

五分法身

のである。この五分法身を磨瑩すると想うのは、行者本具の五大法性の理を顕わさんとである。即ち両手の五指は五大で、香を以て我が身の五大を浄むるの意である。凡夫は本不生の理に迷うて肉身の五大即佛の五大なることを知らぬ。然るに今祕密三昧耶の戒香を以て有漏の五大に塗れば、衆生の当体その儘五分法身の全体なることを成ずるのである。塗香を法に約して三昧耶戒と見るのである。三昧耶平等の戒香を塗布するが故に、塵垢掃わざるに除き、本不生の理おのづから顕現するのである。

塗香は自行には右の手を以て蓋を取り、同じ手の大指・頭指で塗香をつまみ取り左の手の掌に塗り、次に左につまみたる塗香を右の掌に塗り次に両手をすり合し、両手を身に向け十指を交え左右に引き開く三度して止む。

一九　三密観

行者については三密観。所観については三金剛観、三金観、三吽観ともいう。三密観という時は身・口・意の三密に約し、小野流はこれを用い、三金剛観という時は能破の徳に約していうので、広沢流ではこれを用いる。着弁念香衣の作法が終ったので、次に行者自身が三密を具える観に入る。『祕蔵記』（弘法大師全集第二輯一九頁）に、

斯の吽字を以て身口意に安置し、五股金剛を観じて加持すれば、則ち能く無始以来の三業の罪障を除滅すること、金剛の能く一切の物を摧破するが如し。

という。蓮花合掌の中指を開く説と、開かぬ説があって、『無尽荘厳蔵儀軌』（弘法大師全集第四輯四九八頁）に、蓮合して忍願の面を合わすとあるに依って、広沢では中指を開かぬというが、小野は『蓮花部心儀軌』や『桧尾口訣』の説に依って二中指の端を開くという説を受けて中院流では二中指の端を開く。本有の浄菩提心が修生顕得するの初めであるから、師伝として中指を少し開くのである。

『石山の次第』には、掌中と舌上と心内と次での如く、・・と各別に三重に観ずるが、和会の次第には掌中舌上心内に各字有り等と一重に観ずる。掌中は身密、舌上は語密、心内は意密である。「毎処」というのは掌中・舌上・心内の三処である。は金剛の種子、三業の十悪を断じ十善を顕わすのである。

二〇 浄三業

先きに三密観で浄めたが更に再び三業を浄めるのである。三密観は能断の智につき、浄三業は所断の惑につくのである。業の熏習力が強く習気が残っているので、それを除くために再び浄三業の印明を結誦するのである。

顕得成佛の印

古来この印を顕得成佛の印と習う。仁海僧正の資、大理趣房寂圓は浄三業の一印にて顕得成佛したと伝える。

印は先きの如く中指の端を少し開く。一説には前の三密観より猶一層開くという。火指を開くのは本有より修生に出る表示である。二大を開いて二頭の下の第一の文を捻すと、二大を並べ立て二大の間を開かざると二説あるが、中院流は前説を用う。三業は本より過患の法というのではない。何を以て改めて浄める必要があるのか。唯而二の隔執が本有の佛性を覆うているだけである。その本来不染の体が蓮花合掌の姿である。凡夫の心は合蓮、佛心は開敷蓮、合蓮は理、掌中は月輪にて智、依って理智不二、金胎不二、凡聖不二の印となり。この一印にて不二の極意を尽す。故に今三業を浄むというも、今改めて浄めるということでなく、ただ本来自性清浄の姿を真に顕現するということである。真言に、一切法は自性清浄であるから、我が自性も清浄であるという。真言が十六字でこれは即ち十六大菩薩（四方四佛の四親近菩薩、東方阿閦の四親近薩・王・愛・喜、南方宝生の宝・光・幢・笑、西方弥陀の法・利・因・語、北方不空の業・護・牙・拳の各菩薩）を表わすという。『祕蔵記』

（弘法大師全集第二輯二三頁）に、

斯の真言を誦ずるに於いて二説有り。一には曰く、身といっぱ印、語といっぱ真言、意といっぱ観照なり。斯れ自他の三業本来清浄なるが故に浄三業の真言という。二には曰く、吾が三業本来清浄にして法界に遍じ、他の衆生の三業も本来清浄にして法界に遍ず。我が三業と他の衆生の三業と相障碍せずして法界に遍ず。譬えば千燈の光明の相障碍せざるが如し。故に吾が三業を浄むれば、他の衆生の三業も倶時に清浄なり。故に浄三業の真言という。

真言行者は常にこの心地に住せねばならぬ。五処加持の五処について異説はあるが、普通には次のように配する。

額―大日如来　右肩―宝生如来　左肩―不空成就如来　心―阿閦如来　喉―無量寿如来

観念の文に断浄というも、根本不断の断で、本具の姿を顕現する意である。

浄三業真言

真言は《オンソハハンバシュダサラバタラマソハハンバシュドカン》（オーン　一切の法は自性清浄であるから私も自性清浄である）。

二　佛部

自ら三密に入って次に護身法を結誦する。最初に「佛部」を結誦する。浄三業は総、三部三昧耶は別、浄三業の本性浄の位より三部の諸尊を開顕する。『最勝王経開題』（弘法大師全集第一輯八二三頁）に、

部

　一一の如来に刹塵の眷属を具するが故に部と名づく。

という。

印形

此の印は佛頂印ともいう。地水火の三指は頂の形、風火の間は二眼として佛身形とす。又二火は頭頂、二風は両肩、二火は結跏。内證に約せば地は𑖀、即ち胎蔵の種子。水は𑖪即ち金剛界大日の種子にて両部を表わす。即ち地水合するは両部の果徳。二火は正体如理平等智、即ち金剛界にして、二風が火を輔けるは後得大悲の差別智胎蔵界で、後得

智は正体智の後に位する。不空三蔵の訳した『観自在大悲成就瑜伽蓮華部念誦法門』には、是の印の呪に曰く、

唵怛他掲覩婆皤也莎嚩引二合訶引

是の呪を誦じ是の印を以て頂上に安ぜよ。当に是の印を想え、即ち是れ如来の真身と等しく異り有することなし。此の印を見るは、印ち佛を見ると為す（大正蔵第二十巻一頁下）。

とあるから、佛の形像であることは明らかである。浄三業に依って身心清浄となれば、佛性顕現する。又三指（地水火）を立て合すことは発心・修行・菩提の三句、即ち因・根・究竟の三句で、菩提心為因・大悲為根・方便為究竟にあたる。『大日経疏』に依るに、三句を満足する時は佛である。

二風は大方便の風で一切言語の本であるから、一切の聖教はこの一つに収まる。二空を二風の下に附けるのは、方便説法も法性の大空を離れざる義である。

行者の加持

行者の加持、佛は佛の中の行者に応じ、行者はかえって自心の中の佛に加持せられる。佛心の中の行者、行者心中の佛、本来平等妙感妙応の阿字である。

佛部真言

福慧増長文　三部の中には佛部を総体とし、三業の中には身業を総とす。故に蓮花部の福、金剛部の智を並べ挙げて福慧増長という。

真言は・𑖌𑖼《オン》𑖝《タ》𑖞𑖯《タ》𑖐《ギャ》𑖝𑖺《ト》𑖟𑖿𑖥《ドハン》𑖪𑖯《バ》𑖧《ヤ》𑖭𑖿𑖪𑖯《ソワ》𑖮𑖯《カ》（オーン　如来を出生するために　スヴァーハー）。

二　蓮花部

八分肉団

佛心は開敷蓮花の如く、大悲萬徳を開敷す。大悲の故に楽って生死の中に在って染着しない。印の八葉は自心の八分肉団心を表わしたものである。八弁の肉団心のことは『桧尾口訣』に出ている。佛心の八葉なることは四智四波羅蜜をあらわす。衆生の心中に既にこの勢あり。自心に具へる浄菩提心は本来清浄で生死に流転すと雖も、染せず着せざること蓮花の淤泥中に生じて清浄なる如し。今この印を結ぶことは本有の徳を顕わさんと欲する故である。観自在尊は未敷蓮花を以て三昧耶形とする。大悲深重にして当部の主である。前の佛部で身業を浄めたので次の蓮花部で語業を完全にする。

佛　部

佛部は悲智兼ね具し定慧を備えたもので、蓮金二部は佛部の徳を分ったもので、蓮花部は悲にして定、金剛部は智にして慧を表わしたものである。両部建立の時は、両部不二の体を佛部とし、胎蔵法を蓮花部、金剛界を金剛部とする。今は蓮花部の諸尊現じて行者を加持護念し、行者の本具の浄菩提心を出生せしめ、語業清浄なることを得しめる。大悲の方便は説法に過ぎたるはない。

蓮花部真言

真言は《オンハンドボドハンバヤソワカ》（オーン　蓮花を出生するために　スヴーハー）。

二三　金剛部

身業と語業を浄めたので次に金剛部である。これは大智に約す。諸法本有の理に契證する智で、その体堅固常住である。この大智の用鋭利で能く一切の煩悩を断ずることを金剛に喩える。金剛杵にそれぞれ表示がある。

金剛杵

金剛杵	五股杵	五智所標	佛部
	三股杵	三徳祕蔵	金剛部
	独股杵	中道第一義所標	蓮花部

金剛杵全体として堅固利鋭の用の義である。印の形の頭・中・名三指は三股形、左手の下に向うのは、三股は一切衆生の三毒を断除する表示。右の手の上に向うは、佛の三密を以て衆生の貪・瞋・痴三毒を断ずるを表示す。二手を背け合すは、智は能く諸法の性相を分別するを表示

上求下化

す。この故に凡はおのずから下に向い、聖はおのずから上に向う。左は下化の智、右は上求の智である。大指と小指を互いに交えるのは煩悩即菩提不二の義を示す。大指は大空智にして能證、小指は本不生際である。水・火・風の三指はついでの如く三毒を表わし、佛の大の三毒を以て衆生の小の三毒を断除することを表す。大貪は表徳の至極、表徳は一法をも捨てざる故に法界平等の大貪とし、大貪は遮情、遮情は一法をも取らず、法界平等の大貪とする。大貪・大瞋で一法も取るものもなく、捨つべきもなしと見る時は、衆生の小貪・小瞋は自ら遠離せられ、無分別智の大痴を以て本体とする。水火風の三指に貪・瞋・痴を配すれば、

水火風指

水指—大悲水——大貪（法界平等）
火指—智　火——大瞋（法界平等）
風指—金剛不転不変—大痴（無分別智）

故に三指は三毒の能治となる。真言は金剛出生して成就究竟となすの意、金剛部の諸尊出生して行者を加持し、意業を清浄ならしむと共に菩

提心を證し速かに解脱せしめる。

金剛蔵菩薩

観念の文の金剛蔵菩薩と名づける尊は多いが、『大日経』第一には金剛薩埵という。金剛部の主である。

金剛部真言

真言は《オンバゾロドハンバヤソワカ》（オーン　金剛を出生するために　スヴーハー）。

二四　被甲護身

既に三部の徳が顕現して自證圓極し、被甲護身は化他門に出る印である。三業清浄となった行者が、大悲化他の用で有情を利益し、怨敵魔界をも慈悲の恩沢に浴せしめるのである。大慈大悲の平等慈潤の前に、対抗すべきものは存在しない。

印

印母の内縛は月輪蓮花で大慈悲の佛心、掌中は理智不二の金剛法界宮、この宮中に二地二水の四魔は大空智のために降伏せられ、如満月の佛心に帰し、大空三昧に帰することを表わす。二地二水は四魔、大指を以て押すは大空に帰せしむを表わす。大空に帰せしむるには、大智の金剛を以て本とし、二火指の大智火を大願の風を以てますます増長せしむる故に、二火を立て二風を近づけて火の背に鈎する。二火は正体智で、風指を鈎にするのは後得智の普く機感に応ずる多差別の方便智となる。此の印は人が甲冑を被た形、即ち地・水の四指は体にして冑、二火二風は三股杵即ち武器、大指は胸被いを表わす。或いは二中は冑、二風は甲の袖である。深祕には二小・二無明指は𑖀・𑖪𑖽理智色心の六大、これを交うるは生佛の六大一味平等同体大悲の本源、二空を以て押すは不二大空智で、大空は金剛界の果に相応する故に、𑖪に空点を加えて𑖪𑖽となり、生・佛金・胎共に果徳を表示するものである。

観念の文は、金剛智火の威光熾盛にして身を囲繞するが故に、一切の障者皆便りを得ないのである。一切の魔障を除き悉地成就するのである。甲冑はコウチュウと読む。カッチュウは俗読みである。

佛部は頂上を印し、蓮花部は頂の右を印す。右方は観音院である。金剛部は頂の左を印す。左方は金剛手院である。

以上の三印は総て自身所具の三部の諸尊の功徳を顕発する。

浄三業・三部・被甲護身を護身法といい、これを授かるために一七日の加行をするのである。『一字頂輪王経』第二（大正蔵第十九巻二〇三頁下）に、

念誦護摩等先ず護身を作すべし。若し護身法を離んぬれば悉地必ず成ぜず。

という。かくの如き大切の印明なれば、護身法を授ける前に加行を修せしめる。護身法加行は中院流の外に子島流にもあり、明恵上人及び浄厳師に『護身法口訣』一巻がある。

護身法

被甲護身真言

真言は《オンバザラギニハラチハタヤソワカ》（オーン　金剛の火の燃焼のためにスヴーハー）。

二五　加持香水

洒水　塗香器の蓋をし、その手にて洒水器の蓋のつまみを大頭二指にてつまみ、散杖を越して塗香器の前に置く。塗香・洒水両器のつまみは四種法に依って異り、三股形は息災、心•佛•衆生是三無差別を表示する。又三股は大定・智・悲の三徳を表示するものとして佛部にも相応する。独股形は降伏法又は金剛部の修法にも用いる。敬愛には蓮花形、蓮花の本性清浄は人に敬愛せられるからである。宝珠形は増益の修法に用いる。

香水について『大日経疏』の第四（大正蔵第三十九巻六二三頁上）に、性浄の戒香を以て性浄の悲水に和合して遍く法界の衆生の性浄の心地に灑ぎ、一切戯論をして皆浄除せしめんがための故にといい、この文に依って中院流にては洒水に白壇•丁子•沈香を入れ和すのである。加持は小三股の印にて軍荼利小呪を二十一遍、左の手にて念珠をくりながら加持をする。

小三股印の配当は次の如くである。

佛　部—空地合—沈香

蓮花部—風空合—白壇

金剛部—空水合—丁子

有　相　**行法は総て有相の法であるから、金剛盤に三股杵があれば、三股杵を以て加持をする。佛に供養する時には三股杵を用い、**衆生加持等の化導のためには五股杵を用いる。潅頂等に大阿が五股杵を用うるのはその故である。

軍荼利小呪　真言は常には軍荼利の呪《オン ア ミリテイウン パッ タ》（オーン　甘露軍荼利よ、フーン　パット）を用いる。祕法の時はその法の教令輪身の呪を用いる。

加持遍数　加持の遍数について『祕蔵記』（弘法大師全集第二輯二七頁）に、旧水は二十一遍、新水は百八遍加持すとある。大日如来の智火・智水を以て依・正二報を洒浄し、一切有情の菩提心の大地に洒ぎ、一切戯論の垢を洗い浄める。

散　杖　インドにては散杖はなく指を以て洒ぐといい、後に茅草を束ねて用い、日本ではその伸びの良さからであろうが梅のづあえを以て作る。行者一肘の長さというが、壇の大きさに従い定むべきである。大都曲尺の一尺六寸くらいに作る。潅頂の五瓶用には一尺二寸、護摩壇には一尺八寸から二尺。末を 八角に削り二寸を隔てて二箇所に八刀を当てる。八葉蓮花を表わす。本の方は四方より削り揃える。実慧師の『桧尾口訣』に洒水のことが記されている。加持の数を取った念珠を右手に取り左手に散杖を取って、右手の念珠を左手の手に、左手の散杖を右手に取り念珠にて数を繰り散杖を音を立てず静かに器に入れて、先ず逆に水をかき を唱え(無言)加持、二十一遍終って念珠を逆に反し持ち、次に を唱え順にかいて加持二十一遍、終って念珠を腕にかけ左を拳にして

洒水器を打つ

腰に安じ、洒水器の端を三度均等に打つ。これは儀軌にないことであるが、成就院の寛助師が普賢延命御修法の時、水滴が本尊の面にかかり宛も涙のように見えたので器の端を叩いて水の滴るを抑えたのが始まりだ

洒　水

と伝えられている。散杖で洒水器の縁を叩く時には風指を散杖の上にあて、洒ぐ時には風指を曲げ散杖の向うに折りかけるようにするのであ

る。中院流で三度器の端を打つは麁・細・極細の三妄執を断ずる義という。洒ぐには行者北面と観じて艮より振り始める観念で洒水する。艮は萬事の初まりであるからである。横に洒ぐは十方、竪におろす時には三世を清浄ならしむる義である。三度洒ぎ終って、左手の念珠を右手に取り右手の散杖を左手に移し、左手にて散杖を脇机に置き、右の念珠を左の手に移し、右の手で洒水器の蓋をする。賢宝の口伝には𑖨𑖽𑖪𑖽加持の時に同時に観念すべしとあるも、初心の行者は殊に同時の観念は至難であるから洒ぐ時に観念する。三度とも同じように観念する。一義には初めは自身、次は壇上・供物、後は壇上の内外と各別にするとある。両義共に本拠ありと賢宝の口訣にいうてある。均等に三度打つは三平等を表わすという。

小三股印

小三股の印は中院流は水空相捻す蓮花部の三股を用いる。水指の𑖪に空点を加うれば𑖪𑖽で水大の種子に相応する。二指相捻する間の圓形は日月輪である。小指は𑖀字理法身、風指は智法身𑖪𑖽字である。火指は南方不二の水を加持し、法性の甘露とするのである。

二六　加持供物

洒水終って小三股の印で逆三順三に加持する。『桧尾口訣』に、供物を加持する所以は、若し加持せざれば諸の飛行夜叉、羅刹法、陰見等に迷い、悉く皆觸穢を、啖食するが故に加持結界すという。逆順加持は辟除・結界の義である。毘那耶迦や飛行夜叉の障碍を防ぐために軍荼利呪を用うるのは、共に軍荼利の使者であるからである。この加持に依って龜末の供物が微妙のものと成るのである。加持の間左の拳を腰におく。𑖌𑖼《オン》𑖎𑖰𑖩𑖰𑖎𑖰𑖩𑖰𑖪𑖕𑖿𑖨𑖮𑖳𑖼𑖣𑖘𑖿《キリキリバザラウンパッタ》でも、𑖌𑖼𑖀𑖦𑖴𑖝𑖸𑖮𑖳𑖼𑖣𑖘𑖿でも共に軍荼利の呪である。

加持終って念珠を机に置く。宥勢の口訣の意である。真言は前項に出た。

二七　𑖨𑖽字観

これは壇上・壇下・供物・本尊・自身の総ての不浄を除くためである。𑖨𑖽字観は総体的に浄め、浄地・浄身は報土・依身と別々に浄めるのである。即ち総・別の不同がある。𑖨𑖽字観があって浄地・浄身を除いた次第は、総を挙げて別を略したのである。頂上の𑖨𑖽字は下無間に至り、心中の𑖨𑖽字は上有頂に至り、竪に三界に遍ず。壇中と地下の𑖨𑖽字は横に十方に遍ずる。『高雄口訣』には𑖨𑖽字に三義ある中無垢塵の義を取るという。

𑖨𑖽字無垢塵

二八　浄地

過去の業に依って報い来った所居の土を浄むるのである。即ちこの土を密厳浄土なりと観ずるのである。真言は一切諸法の塵垢を離れる義である。

浄地真言　真言は 《アラジュハギャタクナラバタラマク》（一切諸法は垢とか塵とかを離れている）。

二九　浄　身

所居の土を浄めたので、これは別して正報の依身を浄めるのである。**真言は一切法は自性清浄の義である。字観に依って総体的に浄め、浄地・浄身に依って報土・依身を別々に清浄にするのである。**芙蓉合掌は**蓮花合掌**と同じである。

浄身真言　真言は 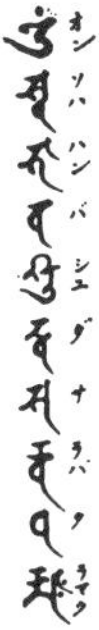《オンソハハンバシュダナラバタラマク》（オーン　一切法は自性清浄である）。

三〇　観　佛

諸佛は法爾として法界に遍満したまうのであるが、迷雲に閉された報

土・依身のために、これを見ることができない。それを𑖨𑖽字観・浄地・浄身の功力に依って、妄執を除いたので、所居の土能居の依身共に清浄となったので、虚空遍満の諸佛を見奉ることができるのである。真言の𑖏𑖽は虚空である。金剛界の諸佛が虚空に遍満したまう義である。

真言の𑖏𑖽

観佛真言

真言は𑖏𑖽《ケン》𑖪《バ》𑖕𑖿𑖨《ザラ》𑖠𑖯《ダ》𑖝𑖲《ト》（虚空よ金剛の世界よ）。

三二　金剛起

これは警覚の義である。前の「観佛」で見奉った諸佛は、常に禅定に入っておられるので、この金剛起で、金剛定よりたって利益を与えたまえと警覚し奉るのである。『石山次第』には、

此の印を結び警覚の真言を誦ずるに由って、一切如来皆定より出でたまう。瑜伽者応に是の思惟を作して諸佛に啓告すべし。我が身は

少慧少福にして苦海に没せり。諸佛威神の力に附託す。唯願わくは大悲本願を捨てずして、慈悲矜愍し、観察護念したもうて我れを抜済したまえ。彼の一切如来、各威神力を以て修瑜伽者を加持護念して、無量の福聚を獲しめて、身心自在ならしめたまえ、千手軌の文なり。

とある。定中の諸佛を警覚し奉って、利益を与えたまえと請うのである。

真言は、𑖌𑖼《オン》𑖪《バ》𑖕𑖿𑖨《ザラ》𑖝𑖰《チ》𑖬𑖿𑖘《シュタ》𑖮𑖳𑖽《ウン》（オーン　金剛よ、起て　フーン）。

金剛起真言

印

印について、印母の金剛拳は佛心、金剛不壊の大定。二地鈎結は理智法身無碍渉入、左の手の水火は智と福、或いは定と慧、空の指は法身、福智二厳を以て法身を荘るは他受用報身、右もこれに同じくするは変化身、二風の端を合するは、行者行願の進力を以て三身の如来を警覚するのである。

印全体を上下するのと、二頭指のみを三度上下するのと二説ある。

真言は、金剛定を警覚し奉って、金剛定より出でたまえとの義である。

𑖮𑖳𑖽は今は警覚の義を用うる。

三二　普　礼

警覚し奉った諸佛を、普礼で一一に礼拝し奉るのであるが今は総じて金剛合掌して真言一遍。

普礼真言

真言は《オンサラバタタギャヤバシツタバザラバンダナンキャロミ》(オーン　私は一切如来の御足を礼拝いたします)。

三三　金剛持遍礼

三密の金剛

印解きの金剛部の印とは三股形をいう。三股は即ち三密、三密の金剛が能く菩提心を保持するが故に金剛持という。三密の金剛を以て遍く聖衆を礼するが故に遍礼という。この遍礼を本尊礼、「四礼」に対して一切聖衆を礼するのである。行者の三業を以て諸佛の三密を礼し奉る。経軌に依って四礼と前後がある。前にあるのは中因発心、後にあるのは東因発心を表わす。『石山次第』には四礼の後にあって「金剛持大印」と標して、

印

口決に云く、印相は三部の中の金剛部の印の如し、更に記せず。印を頂上に置く時、唵嚩日羅二合勿微一反と誦じ訖って即ち印を解いて、各五指を展べて身に向えて左右の耳より垂れ下して心の右辺に当て一遍儛せよ。次に心の左の辺に一遍儛せよ。是くの如く互に儛して総て六遍に足せ。次に右の頬《ツラ》の辺に儛せよ一遍、次に左の頬の辺に儛せよ一遍。是くの如くして亦六遍に足せ、儛に随って且真言を誦せよ。謂わく唵薩嚩といぅより迦嚕引弭といぅに至るまで儛し訖れ。金剛合掌を頂上に置いて即ち頂上に於いて散ずるなり。

真言曰として真言を出して、次に、

纔に金剛持印を結し已らば、一切正覚皆随順したまぅ。即ち十方諸

佛の前に於いて、礼事し供養すること皆圓満しぬ。

という。今は印を解いて両手の掌を身に向けて三度回すようにして両手を金合にする。

金剛持遍礼真言

真言は オンバザラビツオンサラバタタギヤタキヤヤバシツタバザラバンダナンキヤロミ（オーン金剛よ、ヴィヒ　オーン　私は一切如来の身と語と心の金剛を礼拝いたします）。

真言のは最勝の意、我れ一切如来の身語意の金剛を以て礼を作す。金剛最勝なり。

初の一句を初めに置くと後に置くの差がある。儀軌には終りに置く。大師の次第には初めに置く。仁和寺・中院はこの説を用う。金剛王院流などは初後に置く。大師の説と本儀軌の説を共に用うる意である。

五部の真言は、

金剛部――Oṁ vajra viḥ

佛　部――Oṁ buddha viḥ

蓮花部――Oṁ padma viḥ

宝　部――Oṁ ratna viḥ

羯磨部――Oṁ karma viḥ

であるが、金剛部の句を諸尊に通じて用いてよい。五部の諸尊悉く常住不変にして金剛の如くなるが故である。遍礼したので次に表白をする。

三四　表白　神分

表白はヒョウヒヤクと読む。念珠・香炉を取って金二丁を甲乙に打つ。念珠のみ取り香炉を取らざる流あるも、中院流を始め多分は念珠・香炉を取って金を打つ。加行者は香炉に代え花の枝を用うること、高雄の金泥曼荼羅に、香菩薩が柄香炉に代えて花を持つ。真言宗随一の厳儀である東寺の御修法に於いても大阿は柄香炉に代えて樒の枝を持つ。

表白は開白の座のみに用いる。次からは神分より常念誦の時は表白を用いず「次時の作法」により「神分」より始める。撞木を壇上の塗花の間に置くことがあるが、自行に限り晴れの時には用いざることである。

次時作法

自行にも成るべく用いないのがよい作法である。

金二丁

金を二丁打つについて、広沢流では甲乙に、小野では乙甲に打つ。尤も中院流では甲乙に打つ。因みに金丸の打ち方は、小野では前の方の外を右へ向けて打ち、広沢では前の方の内を左へ打つ。中院流は広沢に同ずる。

明算加行

明算上人が若い頃京都の釈王寺の頼尋師から受けて広沢流で加行を修し、同師より広沢で潅頂を受けたせいであろうか、後々まで中院流にしばしば広沢の風がまじっているように思える。

金を二丁打つについて、

初めの一　　　　後の一

定中の諸佛を警覚する―始むる金―――自行
十方の諸佛を警覚する―衆会を驚かす―曼供・理趣三昧
諸佛を警覚する―――施主を驚かす―施主の祈願

表白構成

表白は心中の意念を表示し、願意を啓白する義である。
一、本尊等の三宝の境界に帰命する句
二、本尊の内證・外用の本誓・願力を讃嘆する句
三、行者所求の事を啓白する句
の三段で構成されるのである。

次時作法

表白のない時は「次時の作法」を用い、初めに甲乙に金二丁を打って「令法久住」から唱える。日本は神国であるから、神明に法楽を捧げて擁護を願うのである。神分・霊分・祈願分の三段に構成される。

神分構成

神　分　令法久住より大般若経名
霊　分　弘法大師以下
祈願分　金輪聖皇以下

天衆地類一切の神祇に佛法護持の誓願があるので、法味を添え擁護を願って心経を唱える。三分を総括して神分とのみいうのは、初めに約して名づけたのである。般若心経は自行には読み、外儀には経名のみを唱える。又中陰の間は神分を除いて霊分以下を読むのである。中陰の神分は次の如きものが伝えられている。

忌中神分

金二丁

為ニ令法久住利益人天過去聖霊出離生死頓入佛果一

摩訶毘盧遮那宝号丁

不動明王丁

金剛手菩薩名丁

為ニ外金剛部金剛天等殊ニハ炎魔法王十二讃嘆倶生神等冥官冥衆離業得道ニ一切神分

般若心経丁

大般若経名丁

奉下為始二弘法大師一三国伝燈諸大祖師等普賢行願皆令満足上

摩訶毘盧遮那宝号丁

為二過去聖霊頓入佛果一

摩訶毘盧遮那宝号丁

大聖不動明王丁

因みに中陰の間の唱礼は「教令」の次に「大聖不動　四大八大」等の入句がある。

三五　五悔

神分が終って香炉を置き、念珠を一匝にして左の腕にかけ袈裟の下に金剛合掌して五悔を唱える。尤も金剛王院流の如き念珠を脇机に置くもある。五悔は普賢行願。普賢十願を縮めたもので、開合の不同である。且らく懺悔を以て表として「五悔」という。無始以来諸佛に帰依せず罪業を懺せず善根を随喜せぬ等を、今皆懺悔するので通じて悔というのである。第五段の懺悔を全段に通じて五悔という。大師請来の文であるから漢音にて読む。浄三業は佛界生界自他の三業相即圓融不二の礼。普礼は本尊と行者と二而の礼である。不読の箇所は顕露を怖れる故であるから微音で唱えるのがよい。

五悔

二六　発願　五大願

発菩提心真言

発菩提心の真言（《オンボウヂシッタボダハダヤミ》　オーン　私は菩提心を起します）・三昧耶戒の真言（《オンサンマヤサトバン》　オーン　汝は三昧耶である）終って、念珠を二匝にして香炉を持ち添え金一丁して「発願」を唱う。発願は自行の時に用い、外儀には多く「勧請」を用う。或いは「勧請」は

三昧耶戒真言

発願

初夜に用い、発願は後夜・日中に用う。発願は金を一丁打ち勧請は打たぬ。発願は別願が表で諸佛勧請が裏になる。勧請は諸佛勧請が表で願意を述べることが裏になる。

五大願

五大願は菩薩の通願である。五大願を五智五佛、東南西北中に配する説がある。第四句目の終りに香炉を置いて金合。高祖大師の『十八道念誦次第』に依って、五大願の終りに「自他法界同利益」（弘法大師全集第二輯六二〇頁）を加える次第がある。これを送り句という。

三七　普供養　三力

普供養

普供養印に二種あり、一は金剛合掌、今は金剛合掌である。総じて上で修した功徳を以て普く諸佛を供養するのである。弘法大師の『十八道念誦次第』（弘法大師全集第二輯六二〇頁）には𑖌𑖼が無い。讃の次の普供養（六二五頁）には𑖌𑖼がある。

三　　力　三力和合して一切の悉地を成ずる故に、供養の次に三力があるのである。「以我功徳力」は自分の善根力、「如来加持力」は諸誓力、「及以法界力」は法界衆生の修力、この三力が和合して一切の悉地を成ずる。自己の善根力を頼り過ぎることのないよう、注意すべきである。

普供養の金　三力を唱え終って珠炉を取り金一丁して珠炉を脇机に置く。この金を

三力の金　普供養の金《かね》または三力の金という。晴れの時前讃があれば、導師も一緒に唱え、讃終っえ普供養・三力を唱え金を打つ。この金を聞いて経頭が発音する。若し三力の次に三部・被甲護身がある次第があれば、略するを口伝とする。

普供養真言　真言は 

（オーン　かならず成就する供養よ、宝珠と蓮花と金剛とにくらべられる如来のごらんになれる御前に於いてあまねく満ちるものよ、フーン）。

三八　四無量観

これは化他の慈悲である。無量の境界を慈・悲・喜・捨の四境界に摂し尽すと観ずる。大慈は一切有情を安楽ならしめ、大悲は利益を与え、大喜は喜悦せしめ、大捨は平等ならしめる。慈悲の心を以て世の中の人を幸せならしめ、ひとの成功を心から喜び、色眼鏡をかけずに世の中のひとを心から喜んであげ、ものごとを平等のまなざしで自分勝手な考えでなしに平等圓満に見てあげる。無量の境界を通じて法悦歓喜の生活をなさしめんと観ずるのである。もともと四無量観は悟れる佛の観念ではあるけれどもそれに一歩でも近づくようにつとめるのである。弥陀定印にて一度づつ唱える。『祕蔵記』(弘法大師全集第二輯一七頁)に、

瑜伽者、四無量心定を修習し、四無量心の真言を誦ずれば、本来所有の人天の種々の魔業障難に於いて、悉く皆除滅して身中に頓に無

量の福聚を集め、心調柔なることを得て堪任自在なり。

祕蔵記の文

『石山次第』には、初は慈無量心定に入って慇浄の心を以て遍く縁ぜよ云々、是くの如く観じ已って即ち大慈三摩地の真言を誦じて曰く。次に応に悲無量心三摩地智に入って悲愍の心を以て遍く云々、是くの如く観じ已って即ち大悲三摩地の真言を誦じて曰く云々、次に応に喜無量心三摩地智に入って清浄の心を以て遍く云々、是くの如く観じ已って即ち大捨三摩地の真言を誦じて曰く云々等と『祕蔵記』(弘法大師全集第二輯一六頁)の文を出している。

阿弥陀定印

阿弥陀定印について五説がある。

一、両手に持花の印を結び合せて定印とす。持花の印は自性清浄の花を持する義、故に蓮花部定印と名づく。

二、この印は種子の𑖮𑖿𑖨𑖱𑖾字を結ぶ。謂わく二風は𑖮、二火は𑖨、二空は𑖂、無碍自在の字。風空の間の二穴は𑖀𑖾、二地は浄土、二水は宝池。

三、二手持花印なるは各𑖁𑖾字を結ぶ。即ち両部の𑖁𑖾字である。これを合して𑖁𑖾字を結ぶ。これは不二である。

四、二風の上節を屈して三穴あらしめる。六指を縛するは、六大無碍の義、二風・二空を捻するは四曼不離の義、三穴は三密加持の表示。この説は深祕とす。

五、三穴は三弁宝珠、故に宝部の定印、故に宝部の定印に用う。餘部の時は上節を伸べて三穴にせず。

四無量心真言

慈無量心の真言は𑖌𑖼《オン》𑖦《マ》𑖮𑖯《カ》𑖦𑖹《マイ》𑖝𑖿𑖨𑖿𑖧《タラヤ》𑖭𑖿𑖣《ソハ》𑖨《ラ》（オーン　大慈よ、拡がり満ちよ）。

悲無量心の真言は𑖌𑖼《オン》𑖦《マ》𑖮𑖯《カ》𑖎《キャ》𑖨𑖲《ロ》𑖜𑖯𑖧《ダヤ》𑖭𑖿𑖣《ソハ》𑖨《ラ》（オーン　大悲よ、拡がり満ちよ）。

喜無量心の真言は𑖌𑖼《オン》𑖫𑖲《シュ》𑖟𑖿𑖠《ダ》𑖢𑖿𑖨《ハラ》𑖦𑖺《ボ》𑖟《ダ》𑖭𑖿𑖣《ソハ》𑖨《ラ》（オーン　清浄なる歓喜よ、拡がり満ちよ）。捨無量心の真言は𑖌𑖼《オン》𑖦《マ》𑖮𑖺《コ》𑖢𑖸《ベイ》𑖎𑖿𑖬《キシャ》𑖭𑖿𑖣《ソハ》𑖨《ラ》（オーン　大捨よ、拡がり満ちよ）。

三九　勝願

大日の願

前の四無量観は慈悲喜捨の四境で、普賢・文殊・観音・弥勒の四菩薩の内證境界で、今の勝願は大日如来の願である。四菩薩の境界より進んで殊勝の願を発す故に「勝」という。『石山次第』には「勝心」としてある。（文殊・虚空蔵一体、弥勒・虚空庫一体と習う。）文に、

略出経に云く、復応に思惟すべし、是の諸の衆生は無始より已来、**生死に流転**して、**皆黒闇に覆わる**に由って、**慳貪の垢重し**。**我れ今**彼れ等の煩悩を除いて、皆世間出世間の諸の悉地智を成就せしめんがためなりと。是の念を作し已って陀羅尼を誦ずと云云。口決に云く、金剛合掌を心に当て、真言を誦じて即ち頂上に印を散ぜよ。

一切衆生をして二世の悉地を得せしめるには、広大殊勝の願を要する。ここに奮起して殊勝の願を起すのである。

勝願真言

真言は（オンナラバタタギャタショオシタクサラバサトバナンナラバシッタドクナンバニエンタンタヤギャタシッシャチナシュタタン）（オーン　一切如来に依って称賛されたものよ、一切の諸衆生のために、一切の諸悉地が成就あれ、また諸如来が加持あれ）。

四〇　大金剛輪

無相輪壇

四無量観、勝願に依って世出世に通ずる大願を起し、進んで自分の信念を堅固にするために此の印明を結誦する。此の印に依って罪業を摧破し、一切の功徳を具足し、自性清浄の肉団心となる等の観に入る。即ち無相の輪壇である。故に十八道有相の行壇には除くのである。『石山次第』に、

応に契を結んで心に当て是の観念を作すべし、尽虚空遍法界の三界の生死六趣の有情、速かに金剛界の大曼荼羅に入ることを得しめ

て、金剛薩埵大菩薩に等同なり。密語を誦ず七遍、然して後自身の五処を加持せよ。

印

等という。此の印に三種の義がある。

一、八輻輪――行者の罪業を摧破す

二、宝珠の功徳―一切の功徳を具足す

三、八葉蓮花――自性清浄の八弁の肉団心

大　壇

第三義の肉団心は浄菩提心の心壇として、行者自身が曼荼羅の全体となるものとの義を観ずる。これは深祕である。大壇の花形壇は実には曼荼羅で肉団心を象る。肉団心は『菩提心論』にいう八葉の肉団心即ち八輻輪である。此の意味で大壇に輪宝を荘る。又肉団心は無量の功徳を具える如意宝珠である。この意味で大壇の中央に舎利塔を置く。舎利即宝珠で、光明真言の功徳より、加持せる土砂は舎利と同じであり、依って土砂の一粒一粒が皆如意宝珠となる。

大壇輪宝

『石山次第』には真言の次に、『甘露軍荼利儀軌』の文を出してある。

大金剛輪真言

真言は　ノウマクシッチリヤヂビキャナンタタギャノウナンアンビラジビラジマカシャキャラバジリサタサタサラテイサラテイタライタライビタマニサンハンジャニタラマチシッタギャラヤタランソワカ（三世の諸如来に帰命いたします。アン。塵を離れたものよ、大輪よ、金剛をもてるものよ、等しきものよ、堅固なるものよ、救護者よ、吹きとばすものよ、破壊するものよ、三恵を成就する最上者よ、トラ ーム　スヴーハー）。

四一　地橛

四　橛

地橛二印

『石山次第』には金剛橛という。大金剛輪は大壇にあたり、この地橛は四橛に当る。十八道に説く印は、『広大儀軌』の説、金剛界に出る印は、『無量寿儀軌』に説くところである。十八道立に依って行法をする時には、『広大儀軌』所説の印を用いねばならぬし、別行立にて修する時は『無量寿儀軌』所説の印を用いねばならぬ。大正蔵第十九巻六八頁下に説くところである。

此の印を結び真言を誦ずるに由って、慈心愍念力の故に一切の天魔及び諸の障者悉く見て行く。人の威光赫奕たること日輪の如くなるに由って、各慈心を起して障礙する能わず。及び悪人便りを得能うことなし。煩悩・業障身に染着せず。亦当来諸の悪趣の苦を離れ、疾く無上正等菩提を證す。次に地界金剛橛の印を結ぶ。先ず右の中指を左の頭中指の間に入れ、右の名指を左の名小指の間に入れ皆頭の外に出し、左の中指を以て右の中指の背に緻し、右の頭中指の背に入れ、左の名指を以て右の名指の背に緻し、右の名小指の間に入れ、二小指二頭指各頭を相拄え、二大指を下に相捻し、即ち成ず。此の印を結び已って、想え、印、金剛杵の形の如し、二大指を以て地に向って之れに触れ、真言一遍を誦じて一たび地に印す。是くの如く三たびに至って、即ち堅固金剛の座と成る。地界の真言に曰く、

唵引枳里枳里一囉日囉二合嚩日哩二合二歩引囉満駄満駄三吽発吒四

此の印を結び及び真言を誦じ加持する力に由るが故に、下金剛輪際に至るまで、金剛不壊の界と成る。大力の諸魔、揺動すること能わず、少しく功力を施すに大いに成就を獲、地中所有の穢悪の物、加持力に由るが故に悉く皆清浄なり。其の界、心の大小に随うて即ち成る。

意楽願力印

とある。一室・一院・一寺或いは一国乃至大千界等、意楽と願力に任して自在である。印は三股の形、二風二空は独股杵の上下の頭を示し、二火・二水は金剛座を表わす。二風は字因縁生の故に生界、二空指は字等空の故に佛果の大空智にて、生佛不二の独股杵と成り、二火・二水は生佛二界の定慧を示す。定慧互に交わりて不壊不動と成ったので、金剛堅固の座となる。二地は生・佛共に本来不生の故に無二である。本有の佛智を以て不生の理の底に徹するを意味する。故に堅固にするのである。

地橛真言

真言はオンキリキリバザラバジリホラマンダマンダウンパッタ（オーン　橛をもつものよ、金剛よ、金剛をもつものよ、大地よ、縛れ、縛れ、フーン　パット）。

四二　四方結

金剛墻　又は金剛墻という。三股杵を以て四方に廻らす。前の地結の広さに従うて廻らす。

壇線　大壇についていえば壇線に相当する。三股金剛を交え立てて墻とするのである。この印も地結と同じく十八道行用と別行行用との差がある。『無量寿如来観行供養儀軌』（大正蔵第十九巻六九頁上）に、

次に金剛墻印を結ぶ。前の地界の印に准じ、掌を開き二大指を揲り竪て墻形の如くす即ち成ず。想え、印より熾焰を流出し、印を以て右に旋し身に遶らすこと三転、前の地界に称うて即ち金剛堅固の城と成る。墻界の真言に曰く、

真言　唵引薩囉薩囉一嚩日囉二合鉢囉二合迦囉吽引発吒半音三

此の印を結び真言を誦じ及び観行力の故に、心の大小に随い、金剛光焔方隅の墻界と成る。諸魔悪人虎狼師子及び諸の毒虫た輔近づく

こと能わず。

とある。恩師はこの印を結誦することに依って蟻などの襲うことなしと信じていられた。

前結界

地結・四方結の二を前結界という。結界の義について『祕藏記』（弘法大師全集第二輯三二頁）に、

結界に二種有り。一には次第、二には横なり。初に次第といっぱ、最初の菩提心は是れ因なり。佛位は是れ果なり。当に観想すべし、此の因地より彼の果位に至るまで、純一に浄菩提心を観行して更に二乗外道の心を起さざる、是れを次第という。二に横といっぱ、我が一心法界の中に、毗盧遮那乃至四佛四波羅蜜、十佛刹微塵数の如来、宛然として有《い》ます。煩悩の雲霧のために覆弊せられて、明了に見ることを得ず。当に観想すべし、是の雲霧を除去し、本有の荘厳を開顕して、更に妄想無明等の煩悩を起さざる、是れを横という。観は是れ理なり、真言印契は是れ事なり。

『石山次第』には真言の後に、
此の印を結び、真言を誦じ、及び観行する力に由るが故に、心の大小に随って金剛光焔方隅の墻界と成んぬ。諸魔悪鬼虎狼師子及び諸の毒虫転た近づくこと能わず。

とある。印の二火・二水は墻の形、二風指の合すると二空の開くは三股杵の形、二小指合するは地結と同じく生佛不二を表わす。三部の智眼を以て横に諸法皆具徳と見て、心壇中の無尽荘厳となす故に横に遶らす。

四方結真言

真言は《オンサラサラバザラハラキャラウンパッタ》（オーン　堅固なるものよ、金剛の墻よ、フート　パット）。

四二　金剛眼

金剛眼について『石山次第』に、

略出経に云く、次に想え、両の目《まなこ》、金剛眼となる。復右の眸《まなこ》に麽字

麽　吒

有り、左の眸の中に吒字有りと想うべし。即ち麼字変じて月となる、吒字変じて日となると想え、即ち金剛所成の眼を以て虚空の一切諸佛を瞻仰したてまつる。此の瞻視に由って、一切如来の共に称讃する所を得。

とあって次に真言を出して、此の陀羅尼及び金剛眼の瞻視に由るが故に、一切の障難毗那夜迦及び獷悪の衆生、皆当に摧滅することあり云々という。〔梵字〕と日月の配当が入道場の時の観と異なるが、日月を定慧に配し、或いは理智に配する故に、相違なしと会釈してある。

両輪の光にて道場の内を耀かすので、堂内の諸魔速かに去る。即ち一切の諸魔障碍を摧破する徳を具えるに至るのである。

金剛眼真言

真言は〔梵字〕《オン バ ザラ ヂリ シュチ マ タ》（オーン　**金剛**眼よ、マよ、タよ）。

四四　召罪

金剛眼を具えたので自行の時は自分の罪障を、化他行の時には自他の罪業を、掌中に召き集める。自他の菩提に障碍ある三悪趣の衆罪を召き寄せるのである。

印

印は進・力を伸べ鈎の如くしてとととにて三度に召き寄せるのである。二地・二水を交え二空を交え合すは、貪・瞋・痴・慢・疑・悪見の根本煩悩、二火を立合すは諸法無生不可得の理を諦認する無生法忍の智、二風来去は因縁生滅の罪を召くのである。

召罪真言

真言は《オンサラバハンバキャリシャダビシュダノウバザラサトバサンマヤウンパッ》（オーン　一切の罪をひき寄せ浄化する金剛薩埵の三昧耶よ、フーン　パット）。一切の罪障を召集し破壊し浄化する金剛薩埵の三昧耶即ち本誓を顕わすのである。

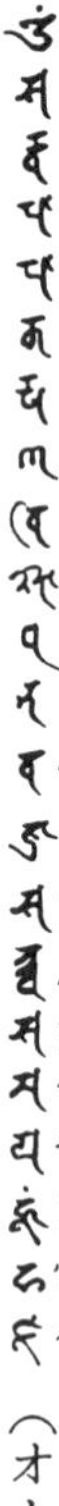

四五　摧　罪

先きに招き寄せた生・佛隔歴の妄執、自他の菩提を妨げる罪障を滅するのである。

印

二中指を立合すのは独股の印、不二独一の大智火と習う。『石山次第』には、

口決に云く、先きの召罪の印の儀式行相の終りに、二手転じて内縛に成して鑁と称え、即ち二中指を立てて独股の如くして、真言の終りに至って其の二中指を以て三たび左右の手の背を拍って頂に散ずるなり。観念は軌の文の如し。

と印相を説き、次に真言を出して後に、

此の相応門は先佛の方便を以ての故に、三業の積む所の罪、無量の極重罪、此の摧滅を作し已らば、火の枯れたる草を焚く如く。有情常に愚迷にして此の理趣を知らず。如来、大悲の故に此の祕妙門を開きたまう。如意輪法の説也。

という。

真言は

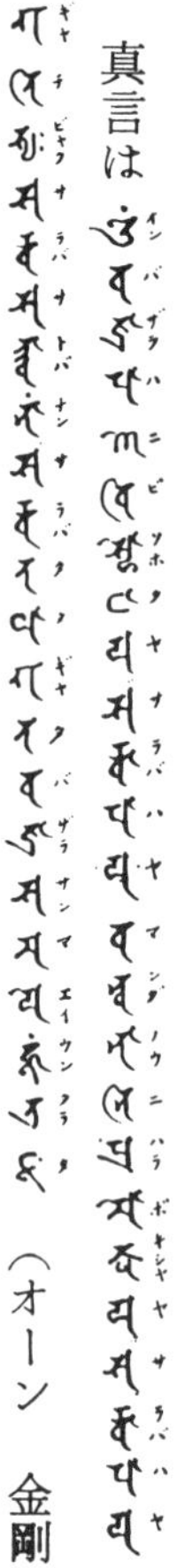

（オーン　金剛手よ、摧破せよ、一切の悪趣の諸束縛から解脱させよ、一切の悪趣の中の一切の衆生のために、一切の如来の金剛の三昧耶に於いて、フーン　トラト）。

四六　業障除

前の段で衆罪を滅し去ったが、決定業は滅し得ていないので、それを断ずるために今の印明を結誦するのである。顕教に於いては定業はもはや転ずることができぬというのであるが、密教では真言不思議の功力は、決定業をも転ずることができるのである。

印母は金剛合掌、『石山次第』には帰命合掌という。印相は、左の手の

三業三密

地・水・火は衆生の三業・三毒・三妄執、右の手の地・水・火は佛の三密。指端を交うるは共会和合して一体無二なるを表わす。二風は人・法二我生死の人である。二空を以て押すのは慧力の義である。

灌頂以上の人には無所不至の印を用うという説がある。無所不至の三指を合せ立てるのは、三毒三密本有峙立の義である。この印は伝法の秘印であるから、加行中には祕して金剛合掌を用うという。

業障除真言

真言は 

（オーン　金剛の業よ、一切の障を佛の真実に依って浄化せよ、三昧耶よ、フーン）。

四七　成菩提心

上の三印明に依って煩悩・業・苦の現行と種子と習気を断じて決定業をも転じ終って、更に所断の惑品を残さず、身心清浄となり、菩提を成ずるに堪えるので、この印明を結誦して自證を以て一切有情本有の大菩提心を顕発して、自他共に菩提を成ずるのである。

ここでは「成菩提心」と標したが略して「成菩提」ともいう。成菩提心即ち自證圓極の位に具足せる功徳を五相に分って、竪に次第に修顕しゆくのを「五相成身」という。五相成身と成菩提とは広略の異りである。『石山次第』には、印、蓮花契の如しと。印母の蓮合は凡夫因位本有の肉団心で、その心蓮が開発して八葉蓮花となる。外縛するは化他の事業をするのである。

印相は心蓮開敷の義で、頭・中・名の三指の縛は本有の心蓮を表わす。二地を立つは、白浄信の幢旗、二大を合すは大空智顕現を顕わす。心蓮開発の印明である。以上行者の用意ができて次に本尊の道場について観ずる。

成菩提心真言

真言は諸の有情と共に、月上普賢如来となる。我れ即ち大金剛の如し。

真言は《オンセンダロタレイサマンダバンダラキラニマカバジリニウン》（オーン　月の上にいる普賢よ、光を放つ大金剛をもつものよ、フーン）。

四八　道場観

道場観の初めに、道場雲集の佛に供ぜんがために焼香をする。道場なる名称は『西域記』第八（大正蔵第五十一巻九一五頁中）に有るを本拠とする。道を成ずる場所、正覚を成ずる場所の意で、道とは即ち菩提の果、さとりの謂である。行法の次第は総て賔客を迎える作法に準ずるが、高貴の方を招く時、新しく建築をし新しく調度を用意する如く、上の前結界に於いて横竪に結界したる地の上に、本尊を迎えんがために新しく道場を作るのである。謂わゆる理の道場である。

この観に広・中・略の三種がある。胎蔵法の道場観は、器界観より乃至楼閣宮殿及び本尊の種・三・尊等具さに観ずる。広観であって、道場を一つの須弥世界と観じて、先づ風・水・地の三輪又は空・風・火・水・地の五輪を次第に観じて、地輪の上に七金山、その山間に香水乳海を観じ、次に中央妙高山の上に八葉の蓮花及び金亀を想い、華の上に五峯八柱或いは八峯八柱の宮殿楼閣有りと観じ、楼閣中に曼荼羅を観想するのである。

それについて一言述べておきたいのは、現在再建された高野山の大塔の設計は元来四門で八柱の堂であるが、設計の天沼博士が八本の柱の間へ四本の柱を入れられたので古来の説に合わなくなったことである。これは八本の柱の間へ四つの床束の礎石に八本の柱と並べて床の上へ柱として床束であるべきものを堂の中に建てられたために八柱が十二柱になって古来の形を壊されてしまったので変なことになってしまったのである。これは同博士の設計の折の錯覚で八柱が十二柱の堂になってしまったのである。のみならずそのために餘尊のお顔がかくされて拝めなくなったのである。恐らく柱に描かれている四本の柱の仏像も餘計なものになっている筈である。もう四本の柱を床の下で切り取って元の八柱にし直すことは不可能だろうと思われるが、八峯はとも角として元の八柱のお堂に還すことは不可能であろうと思われる。若し可能ならば当局の注意に依って同博士は恐らく元の八柱四門のお堂に直された筈と思われるのである。

中観は金剛界念誦次第の道場観で、須弥山より乃至楼閣宮殿及びその尊の種・三・尊等を観ずる。器界観を略し、先ず妙高山の頂上に五峯八柱の宝楼閣を観じ、次にその楼閣の中に於いて種・三・尊転成の観をなし、無量の眷属聖衆が前後囲繞の曼荼羅を観想するのである。宝楼閣は行者の菩提心を表わす。

略観は器界観・楼閣観共に略し、直ちに壇上に心月蓮及び本尊の曼荼羅を観ずるのである。十八道次第の道場観の如く、壇上或いは心上より乃至その尊の種・三・尊等を観ずるのである。普通は多く中観を用いる。印相は広観には羯磨印を用いる。羯磨印とは二手外縛二大二小端相柱え

胎拳（蓮花拳）十三義	金拳十四義
迷	悟
理	智
五大	識大
色	心
生界	佛界
穢土	浄土
法	人
胎蔵	金剛
因	果
表徳	遮情
本有	修生
凡夫	聖者
依報	正報
	五智

掌を開き、掌面を身に向け臍に当てる。中観と略観には如来拳印を用うる。但し胎蔵大法の道場観は、器界観の前に𑖨𑖽字観・五輪成身観を行じて後に如来拳印にて加持をする。『無量寿儀軌』（大正蔵第十九巻六九頁上）に、此の拳印を以て地を印し、真言を誦じて加持七遍すれば、世界を変ずと

いう。浄土変といわれる所以である。右の金拳、左の胎拳について多義あり。

左右相対して迷悟・一如・理智不二の実義自ら知られるところである。道場観の七処加持は先ず左の膝は凡夫地にして自性自受用理智法身。壇上は所依の器界で他受用身。右の膝は佛界の地にして変化身。等流身は変化身に摂して三身即ち四種法身と見る。又左膝等は胎の三部、四処加持は五部五智を表わす。世界の浄・不浄は能見の浄・不浄に依る。浄穢一如凡聖即一なるを佛智の所見とするのである。畢竟、浄穢凡聖は凡夫の迷見なるのみ。

又、左膝・壇・右膝の三処は自性・受用・変化の三身に配し、四処は、

心—大圓鏡智　額—平等性智

喉—妙観察智　頂—成所作智

の四智を顕発することを表わす。四智圓満すれば即ち法界智なるが故に、五智具足するのである。又左膝・壇・右膝は胎蔵法の三部、四処は

金剛界の五智という。これは両部合成である。

加持七処の真言は、三帰・三身の真言である。三帰は邪見を飜えして正道に趣向する時に受くる所。入道の最初尊佛の根本である。三身は究竟の果である。[梵字]は三身の義、佛宝。[梵字]は三有の[梵字]に[梵字]字の損減と不生不滅の理の涅槃点を加えて法宝にあたり、[梵字]は大空無差別和合の義で僧宝である。『行法肝葉抄』巻上（大正蔵第七十八巻八八二頁中）には、已成の本尊たる他方佛の身・土を観じ、又、自身本有の本尊の身・土を観じ、そこえ已成の本尊を請じて之れと冥会するのを道場観の義とするのである。小野にては、本尊を自性理法身とし、已成の自受用智法身を召請して理智冥会すと観ずる。次の或道場観の佛は他受用身云々は広沢の所伝にて、自性理法身は来去するものでないから、他受用影像佛を召請し、自心の佛も亦他受用影像佛を召請し、自心の佛も亦他受用影像佛と観じ、二者冥会すとするのである。

要するに、その尊の種・三・尊は本来行者の具有しているものと観ずる。たとえば如意輪尊・阿弥陀如来の種・三・尊は行者自身が本来具有しているものと観じて、その尊の三昧に入るのである。これについて、絵像・木像等の心月輪に観じ、或いは行者の心前に観じ、或いは敷曼荼羅あれば、その尊の心月輪に観ずる。種・三・尊を観ずるを五相成身観に当てれば、

五相成身観		
	通達菩提心	種子
	修菩提心	種子
	成金剛心	三形
	證金剛身	三形
	佛身圓滿	尊形

となる。本尊について『秘蔵記』には「本尊義」として、

我が本来自性清浄の心は、世間・出世間に於いて最勝最尊なり。故に本尊という。又已成の佛の本来自性清浄の理も、世間出世間に於いて最勝最尊なり。故に本尊という。佛と我れと無二無別なり。乃至一切衆生の各別の身中の本来自性清浄の理も、世間・出世間に於

いて最勝最尊なり。我れと佛と及び一切衆生と無二無別なり。是れ三平等の心なり（弘法大師全集第二輯三〇頁）。

とあるが、今の道場観に於いて、道場所観の本尊は理智二法身、周遍法界の佛身である。行者が対している所の絵像・木像等は化身である。これは応度の衆生に随って其の形像を顕示するのであるから、応身なることは明らかである。次に召請する他方浄土より来る佛身は他受用報身である。このように三身一体で倶に行者所観の本尊とする。この本尊に向って所願を祈請するのであるから、一切の悉地は速かに成ぜずということはない。

金拳・胎拳の意義については前に出したが、如来拳印は最極祕要両部界会の印と習う。右の手の金剛拳は六大・四曼三密の法、体・相・用の三大同じく一印に具せりと心得る。三大は本有不生で堅固なるが故に金剛拳とし、三大は一切処に自在に能くあらゆる功能に遍在するので、自在力を顕わして風を空の上に立てるのである。

六大の義は、掌中は月輪で第六識大、五指は前五大。風指を空指の上に立てるのは、風・空無碍の故である。

四曼の義は、地・水・火・風の四指は次での如く東・西・南・北、大・三・法・羯である。四曼は相大で四指が外に顕われるのである。大指を挙げることは、四曼皆本不生の大空であるからである。

三密の義は、地・水・火は次での如く身・語・意である。即ち身は質《ゼツ》碍《ゲ》の法なる故に地とし、語は流動するものなれば水大、意は智なれば火大に当てる。風を空の背に立てるのは、風の虚空に於いて自在速疾なるを表わして三密加持速疾顕の深義を顕わす。

次に左の手の胎拳は、六大の義金剛拳の如く、四曼の義も上と同じであるが、空指を立てるのは四曼皆空大の中に住する意である。三密の義は、地・水・火は眼所見の法で身密、風・空は語密、掌中の月輪は意密である。印の形は未敷蓮華、凡夫の心。掌中は月輪即ち佛心である。又胎蔵は多法界門であるから、五指が皆現われているのである。

道場観真言

真言は《オンボクケン》（オーン　大地よ、ケン）。

四九　大虚空蔵

『石山次第』に、

即ち想え、印より無量の諸の供具・衣服・飲食・宮殿・楼閣等を流出して、本尊及び一切聖衆の前に於いて則ち真実広大の供養を成就す。

次に真言を出して、

修行者たとい観念力微《うす》くなりとも、此の印及び真言の加持力に由るが故に、諸の供養の物皆真実と成んぬ。法界道場の中にて広大の供養を行ずる者、此の定を数習するに由って、現生二世に定の中に於いて、法界道場毗盧遮那如来を見たてまつる。大菩薩衆会に在って、無量の真言を説いたまうを聞いて、三摩地を速疾に現前するが如し。

とある。『無量寿軌』の文である。虚空蔵菩薩は宇宙に遍満せる宝物を司る菩薩で、虚空蔵より種々の供物を出して、衆生の心願を成ぜしめるのが、この菩薩の誓願である。即ち道場が出来上ったので、大虚空蔵の宝珠蔵から供養の具を出して荘厳するために、虚空定という金剛定に入っていられる虚空蔵菩薩にお願いして、道場観に於いて観じた法身の本尊を供養するのである。理供養である。

印

印の義に地蔵菩薩の秘印と虚空蔵印との二伝ある中、地蔵菩薩の秘印については、

二地合するは[梵字]字佛部

二水は[梵字]字金剛部

二火を外に交え手の背に着けるは蓮花の形にて蓮花部

この三部の諸尊が道場所観の供養申しあぐべき諸尊で、二頭指の宝形より生ずる萬宝を供養するになる。二空の錫杖で警覚して二風の宝珠を供ずるのである。

大虚空蔵真言

真言は[梵字]《オン ギャギャノウ サンバン バ バザラコク》（オーン　虚空より生まれた金剛よ、

ホーホ)。

五〇　小金剛輪

『石山次第』『和会次第』共に送車輅・請車輅の次に配してある。印の功能については『石山次第』に、

印の功能

即ち印を以て自身の五処を加持すれば、即ち真実の大曼荼羅と成る。印を以て虚空を加持すれば、満虚空界、大曼荼羅と成る。印を以て身の前の壇上を加持すれば、金剛界大曼荼羅と成る。印を以て本尊並びに諸尊の像を加持すれば、或いは銅或いは素皆大曼荼羅と成る。印を以て供養の物を加持すれば、真実広大供養の具と成る。修行者設い越法の誤失、三業、三昧耶戒を破すること有りとも、此の印を結び真言を誦じて加持するに由るが故に、能く諸過を除いて皆圓満することを得。

とある。『行法肝葉抄』巻上（大正蔵第七十八巻八八二頁下）には、

経に云く、若し真言行者曼荼羅を作らざるも、但し此の印明を持すれば、即ち一切の曼荼羅を大安立するに同じ。自身の一切の支分悉く諸佛聚と成る。無比なり、不思議なり。更に無過上味なり。

と挙げている。

宇宙の宝庫から出して列べた壇上荘厳の供具・自身所具の本尊諸尊が、この加持に依って安住することができ、一切諸佛も来臨されるよう清浄にするのである。

五処加持の時は、印を身に向けるのであるが、後の四処の印を傾けというについて、『成雄口訣』には、印の面を下に向けるというが、諸師概ね印を仰げて上に向けるといい、『石山次第』亦、但し頂及び虚空を加持する時は、即ち掌を仰げて上に向けるなりというに依って、印を肩のあたりに挙げて下向けにするのでなく、臍のあたりにて上を向け仰ぐこと明らかである。

印相、二地・二風・二火・二水は八輻、二空は轂。八輻は八葉の四佛・四菩佛、轂は自性自受用、内證智の境界である。印母の二拳は両部理智、二地鈎結は生・佛共に𑖀字本不生に住す。二内鈎結は生佛不二一如の義、印を上に向け四処加持のあと、口に収めるのは『石山次第』に、或師云く、印を以て口に納めよ、即ち想え、帝釈宮に納むという。自身の本尊に納めるのである。但し或師云とある辺よりすれば、必ずしも用うることとなきか。中院・広沢では、十八道にこの印を用いないのは、深祕の故である。

道場観・大虚空蔵・小金剛輪は道場観の分際である。

小金剛輪真言

真言は《オン》《バザラシャ》《キャラ》《ウン》《ジャク》《ウンバンコク》（オーン　金剛輪よ、フーン　ジャハ　フーン　バン　ホーホ）。

五一　送車輅

輅

宝車輅ともいう。輅《ろう》は七宝で飾れる天子の車である。道場観などで本尊を迎える準備ができたので、宝車輅を以てお迎えをするのである。

印母は反叉合掌、両腕は止・観の双輪、地・水・火の六指は六度萬行の花座、二風は宝車の行願の轅、両の掌は福智荘厳の宝殿、二空指は諸佛の使者と見る。或いは単に大指は車を運ぶ者と見る。六指は車輪と見る説もある。かく見る時は、ここに花座なく、終りの撥遣に花座有って宝車輅のないのは、影略互顕と見る。

本尊を迎えんとするに象馬等を用いず宝車輅を用うるのは、車の輪は絶えず廻転するが、輿や軸は遂に転動せぬように、一切衆生は流転門に約すれば六道に輪廻するが、還滅門に約すれば次第転昇する。けれども実相中道の理は永く改変せぬのである。この義を表わすために象馬を用いず車を用うるのである。というのが清水寺の定深師の所説である。衆生の業報は廻転して絶えることがないが、菩提の性は転ずることがない。

我れに菩提の性有りと悟って流転より脱却する。空指を撥去するのは、空に乗じて本尊の世界に到ることを表わし、虚空を路とするのは、空の如実際の理に乗じて、不来にして来る義を表わさんとするのである。真言の《トロトロ》は車の廻転する音であろうかという。は輪の種子で車である。

宝車輅を以て迎えんとする佛は報身であり、壇上の絵像・木像等は応身、観に随って出現する道場観の尊は法界遍満の理法身である。

送車輅真言

真言は《オン トロ トロ ウン》（オーン　進行せよ、進行せよ、フーン）。

五二　請車輅

本尊は大悲の故に宝車輅に乗じて報土より今此の道場に来至したまうのである。本尊内証の三菩提より大悲善巧智門に赴かれる義である。本尊が三菩提より来て虚空に住したまうのは、結界三昧耶があるので、妄りに道場に入りたまわぬのである。

真言は　ノウマクシッチリヤヂビキャナンタタギャタナンオンバザラギニャウキャラシャヤソワカ　（三世の諸如来に帰命いたします。オーン　金剛の火を召請するために　スヴーハー）。

五三　召　請

或いは迎請という。迎請は小野ではコウジョウと読み、広沢では漢音でゲイショウと読む。猶三宝院流ではケイジョウ、西院能禅方ではゲイショウと読む。

道場の空まで来り留まりたまえる本尊を、壇上に御案内申しあげるのである。この召請に総別がある。

総——大鈎召—内縛風指を立て　大鈎召明（胎蔵）

別
- 佛　部—内縛二大を立て　オンジノウジキャエイケイキソワカ
- 蓮花部—内縛右大指を立て　オンア・リキャエイケイキソワカ
- 金剛部—内縛左大指を立て　オンバザラヂリギャヤキャエイケイキソワカ

蓮花部は中台八葉の右方（観音院は三部の中蓮花部に当る）に位するを以て、右の大指にて招き、金剛部は左方の故に左の大指を以て招き、佛部は中央の故に二大指を以て招く。総は諸尊通用である。

内縛は月輪蓮花で理智不二の蓮花世界、即ちこの道場である。三部召請印は三部三昧耶の印で、右の空指は大悲で蓮花部の使者、左の空指にて招くのは大智で金剛部の使者、二空にて招くのは悲智不二で佛部を表わす。三憲は仏部召請印を用いて二大を以て招き、中院流は総の大鈎召を以て招く。風指は使者である。

この印明の功能に依って、本尊を道場に招じ終ったのである。

大鈎召真言

真言は　ノウマクサマンダボダナンアクサラバタラハラチカテイタタギャタクシャボウヂシャ

《リャ》《ハ》《ラ》《ホ》《ラ》《キャ》《エイ》《ケイ》《ト》《ソワ》《カ》（いたるところにおられる諸佛に帰命いたします。アーハ。一切処に障碍のない如来の鈎よ、菩提行を満たすものよ、スヴーハー）。

五四　四摂

四明ともいう。広沢にては四摂、小野にては四明という。中流院では四摂・四明共に用う。四明は真言の数に由来し、四摂は本尊を摂して己身に入る功能に由来する。上来道場観の諸尊は法身佛、今来至せるは報身佛、壇上に安置の佛体は応身佛、この三身を即一するを四明という。上来三身を別々に迎え、別々であったのを一つに冥会せしめるのである。

印母は忿怒拳（忿怒拳に異説あり、更に決すべし）二地鈎結して二風を展べ置き、先づ《ジャク》を誦じ、進力を鈎して《ウン》、進力の面を合して《バン》、進

三身合一

力を鉤結して𑖮𑖺𑖾《コク》を誦じ腕を三たび振る。𑖕𑖾は妙覚の法身、𑖮𑖳𑖽は報身、𑖪𑖽は応身、𑖮𑖺𑖾は冥合し終って随喜歓喜の意である。𑖕𑖾に鉤召の義あり、𑖮𑖳𑖽は大力にて引く義、𑖪𑖽は縛して去らしめざる義、𑖮𑖺𑖾は縛住して去らしめざるのみでなく、歓喜せしめて去るを忘れしむる義。四印皆縛を外に向けるは他方より請ずる義である。中院流や広沢では十八道に四明がないのは、初心の故に省くのである。

忿拏拳

忿怒拳について、水・火の甲を大指にて押すのと、四指を以て大指を握ると二義ある。後の義ならば胎拳が印母ということになる。依って前の義を用うべきか。又は火指風指の間に大指の端を出し拳にすと。

五五　拍　掌

本尊入住、三身合一を歓ぶ姿である。『石山次第』には金剛拍という。右の掌は佛、左の掌は行者、この二者合する故に音を出す。世間の法の習にも物を合する時には声を出す。出世間の法も同様である。歓喜して行者と本尊と冥合するので、諸佛も歓喜したまうのである。

拍掌の二

拍掌に平掌拍又は斉指拍というのと、参差拍とがある。平掌拍は『蓮花部心念誦儀軌』（大正蔵第十八巻三〇三頁上）『五祕密儀軌』（大正蔵第二十巻五三七頁上）、参差拍は『金剛薩埵念誦儀軌』（大正蔵第二十巻五二〇頁上）『略出経』に出る説である。

三度打つのは三部の諸尊を歓喜せしめる義である。三度目を大きく打つ。中院流は三宝院の如く舞儀を用いない。中院流も広沢も十八道立には拍掌を用いない。

拍掌真言

真言は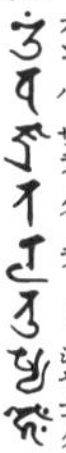《オンバザラタラトシャコク》（オーン　金剛の掌よ、喜べ、ホーホ）。

五六　結界

『祕蔵記』（弘法大師全集第二輯三二頁）に「結界の義」として次の文がある。

結界に二種有り。一には次第、二には横なり。初に次第といっぱ、最初の菩提心は是れ因なり。佛位は是れ果なり。当に観想すべし、此の因地より彼の果位に至るまで、純一に浄菩提心を観行して更に二乗外道の心を起さざる、是れを次第という。二に横といっぱ、我が一心法界の中に、毗盧遮那乃至四佛四波羅蜜、十佛刹微塵数の如来、宛然として有《い》ます。煩悩の雲霧のために覆弊せられて、明了に見ることを得ず。当に観想すべし、是の雲霧を除去し、本有の荘厳を開顕して、更に妄想無明等の煩悩を起さざる、是れを横という。観は是れ理なり、真言印契は是れ事なり。

と。前の召請により本尊降臨の時に魔障が一緒についてくる。それを除くために結界をするのである。これに三部五部の別がある。

- 五部
  - 三部
    - 佛　部—不動
    - 蓮花部—馬頭或いは大威徳
    - 金剛部—降三世
  - 宝　部—軍荼利
  - 羯磨部—無能勝或いは金剛夜叉・烏枢瑟摩

両部各別の時は、金剛界には降三世、胎蔵法には不動尊を以て結界する。両部通用の尊は一般的には不動尊を以てする。若し部属不明の時は不動明王の結界を用いる。佛部は三部五部の総体であるから諸尊に通ずるのである。

不動結界

不動明王の結界は、両手を剣印にして、右の剣を左の鞘に入れて、左の股の上に置いて慈救の呪七遍を誦じ、右の剣を抜いて左の鞘を胸の左に当て、慧の剣を以て左に三遍転じ辟除をなし、右に三遍旋して結界をなし、次に大壇の左中央より逆に四隅四方上下身の五処を印する。この印明に依って一切諸魔を辟除し、障難を消除して、成就を得易しと観念する。

慈救呪

慈救の呪は 

(いたるところにおられる諸金剛に帰命いたします。激しく怒るものよ、大忿怒者よ、摧破せよ、フーン　トラト　ハーン　マーン)。

馬頭呪

馬頭は明王部と観音部の両部に属し、観音とも明王ともいう。これは、「大馬口等衆流の倶に湊《あつまっ》て呑綱餘すことなし」とする噉食の義と、「飢羸の馬の草を食するに更に餘念なし」とする大悲専念の義と、「能く諸の魔障を摧いて慈悲方便を以て、大忿怒形を現じて、大威日輪となって、無遍界の行者の暗冥を照耀して、迅に悉地を得せしむ」とする迅速の三義がある。その外天変地異を止息し、外寇内乱を除く等の功能がある。結界に用いる所以である。馬頭の呪は𑖌𑖼《オン》𑖀《ア》𑖦𑖴《ミリ》𑖝𑖺《ト》 𑖟𑖿𑖥《ドハン》 𑖪《バ》𑖮𑖳𑖽《ウン》𑖣𑖘𑖿《パッタ》（オーン甘露より生ずるものよ、フーン　パット）。

印に多説あるが、最勝根本印を用う。印相は、印母の蓮合は観音の大悲三昧を表わし、二水を屈し甲を合せ掌に入るるは大悲の滋潤で甘露の法水、二風は𑖮字大頭の風に扇がれて、𑖪字甘露の法水を洒いで、法界の衆生蔵識中の雑染の種子を洗浄する義。二大は大空の大馬口を現じて、薫習雑種心等を呑み尽すを表わす。又二地・二火・二空は大空智悲の三徳、法・報・応の三身三平等の大馬口が生・佛の隔執を噉食する義である。印形は、二小指は耳、二無名指は目、二中指は鼻、二頭・二大の間は馬の口である。

降三世明王は三世に亙って三毒を降す故に降三世という。金剛界にては自性輪は大日如来、正法輪は金剛薩埵（大疏十の説である）、教令輪は降三世とするので、この明王は金剛薩埵の所変、大日如来と同体である。

印

印相、印母は金剛拳で堅固大勇猛の菩提心を表わす。二地を鈎結するのは生・佛二界共に本不生の心地に住する義。生・佛不二であるが、相反のものであるから二拳を背け合す。左の風指は生界即ち大自在天の自在力、右の風指は佛界即ち明王の大自在力、背け立てるのは彼れに反して降伏の意。能降の故に明王は上に在り、所伏の故に大天は下に在る。印相の多義の中、今一説を出す。

降三世真言

真言の《ソンバ》は此の尊の名字、《ニソンバ》は此の尊所伏の定門、《ギャリカンダギャリカンダ》は魔性を捉える義、《ハヤ》は罪障、《アノウヤ》は将来、《コク》は歓喜、《バギャバンバ》は世尊の義、降三世を讃嘆する真言で、罪障を捉えて将て来る者は即ち降三世尊金剛なりという義。四つの𑖮𑖳𑖽は四部の降三世である。𑖐𑖴𑖮𑖿𑖜を小野はギャリカンダと読み、広沢はギリカンダと読む。印を逆に三転、明一遍、順に三転明一遍、身の四処を加持する明一遍、合して三遍というのが有快法印の口伝である。

四処加持

初め逆に三転は辟除で障魔に逆うが故に逆に転じ、次の順に三転は結界で、結界は佛に順ずるが故に転ずること例の如くである。後に身の四処を加持するのは、堅固大身と成さしむるためである。三宝院流では大指を中指のあたりにつけ、中院流では水・火の二指を以て大指を握るという説あり。これは三宝院流は金剛拳を印母とし、中院流は胎拳を印母にするということになる。『有勢の口訣』には、火指・頭指の間に大指の端を出して忿怒拳にし、其の後二小を鈎結して頭指を放ち立てよという。

降三世の真言は𑖌𑖼《オン》𑖭𑖲𑖽《ソン》𑖥《バ》𑖡𑖰《ニ》𑖭𑖲𑖽《ソン》𑖥《バ》𑖮𑖳𑖽《ウン》𑖐𑖴《ギャリ》𑖮𑖿𑖜《カンダ》𑖐𑖴《ギャリ》𑖮𑖿𑖜《カンダ》𑖮𑖳𑖽《ウン》𑖐𑖴《ギャリ》𑖮𑖿𑖜《カンダ》𑖢《ハ》𑖧《ヤ》𑖮𑖳𑖽《ウン》𑖁《ア》𑖡《ノウ》𑖧《ヤ》𑖮𑖺𑖾《コク》𑖥《バ》𑖐《ギャ》𑖪𑖽《バン》𑖪𑖕𑖿𑖨《バザラ》𑖮𑖳𑖽《ウン》𑖣《パウ》𑖘𑖿《タ》（オーン　スンバよ、ニスンバよ、フーン　捕えよ、

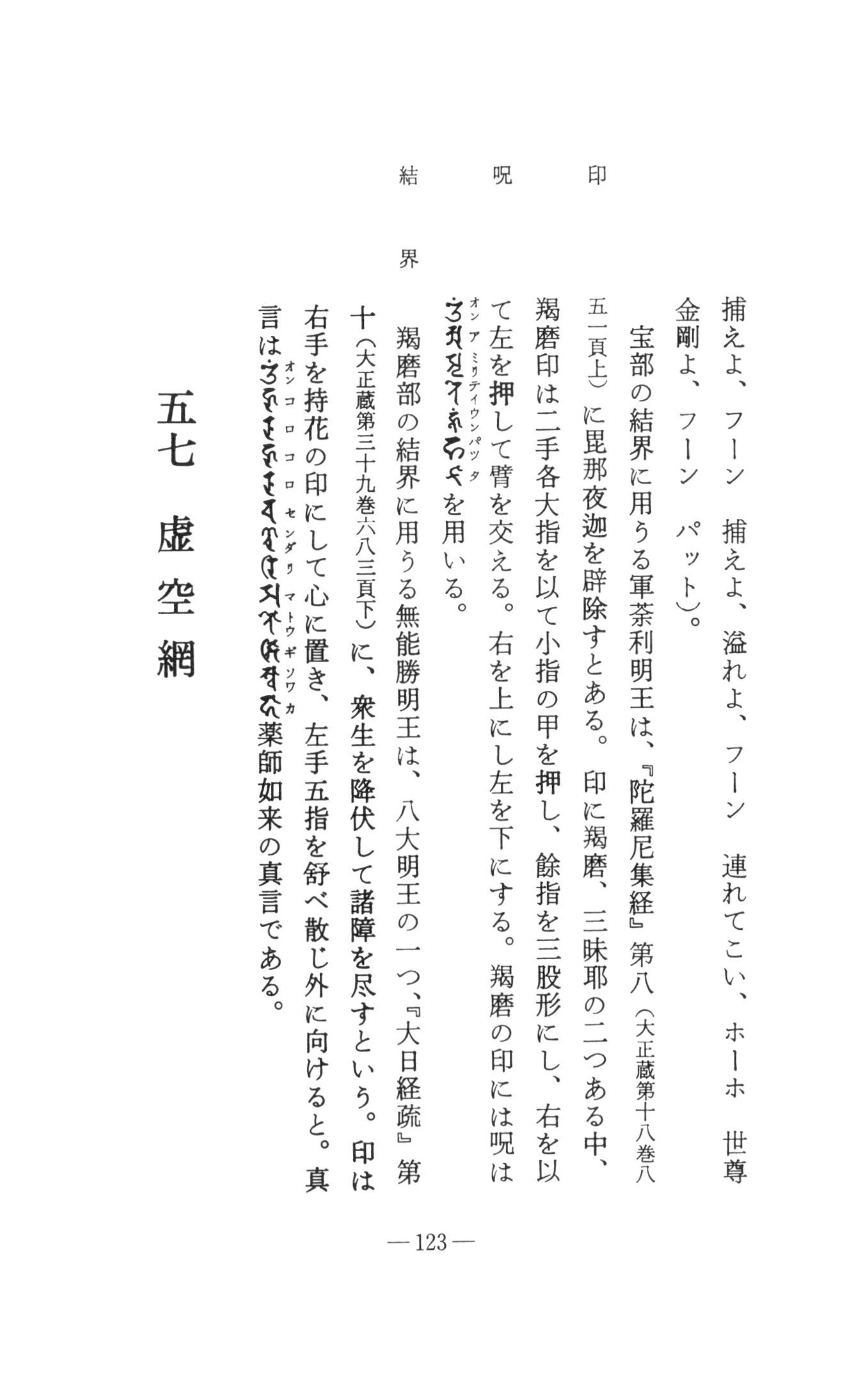

捕えよ、フーン　捕えよ、溢れよ、フーン　連れてこい、ホーホ　世尊金剛よ、フーン　パット）。

宝部の結界に用うる軍荼利明王は、『陀羅尼集経』第八（大正蔵第十八巻八五一頁上）に毘那夜迦を辟除すとある。

印

印に羯磨、三昧耶の二つある中、羯磨印は二手各大指を以て小指の甲を押し、餘指を三股形にし、右を以て左を押して臂を交える。右を上にし左を下にする。

呪

羯磨の印には呪は《オン　ア　ミリテイウンパッタ》を用いる。

結界

羯磨部の結界に用うる無能勝明王は、八大明王の一つ、『大日経疏』第十（大正蔵第三十九巻六八三頁下）に、衆生を降伏して諸障を尽すという。印は右手を持花の印にして心に置き、左手五指を舒べ散じ外に向けると。真言は《オンコロコロセンダリマトウギソワカ》薬師如来の真言である。

五七　虚空網

『石山次第』には金剛網という。『無量寿軌』を典拠とする。『行法肝葉抄』巻上（大正蔵第七十八巻八八三頁上）には網界という。上方の結界である。

上方結界

印の義は四方結と同じである。此の印に依って上方欲界頂の他化自在天の魔王も行者を障碍することができない。真言を誦ずるに随って印を以て頂上に於いて、右に旋転して便ち散ぜよと次第にあるが、胸の前に旋転にてよろし。真言の字義について古来伝承の解釈がある。ビソホラは拡げること、ラキシャは守る、バザラハンジャラは金剛の網、真言は

虚空網真言

（オーン　拡げて守れ　金剛の網よ、フーン　パット）となる。分限に従って上方を守るのである。

五八　火院

金剛炎

『石山次第』『和会次第』には「金剛炎」という。『無量寿の軌』（大正蔵第十九巻七〇頁上）に出づ。

次に金剛火院界印を結べ。左の手の掌を以て右の手の背を掩い相着けしむ。二大指を搩り竪て即ち成ず。想え、印より無量光焔を流出す。印を以て右に旋らす三匝、則ち金剛墻の外に於いて便ち火焔囲遶すること有り、即堅固清浄の火院の大界と成る。

印形

此の印形に種々有る中、中院流はこれを用いる。院は墻である。既に四方上下を結界したが、墻に隙間があるので火炎を周らすのである。密縫の印ともいう。異説の多い印である。

密縫の印

一、左の掌の上に右の手の背を重ねて、両手の四指を開き、二大指の面を合せ八指を立て散ず。

二、第一説の如くし二大指を合せず。

三、左の手の掌の上に右手の背を以て掩い、二大を摽竪てる。

第一説は三憲所用、第二説は沢方所用、第三説は先きに述べた如く中院流所用である。以上の外にも異説があるが今は略す。両手を重ねるのは日輪、十指を散ずるは十界の暗冥を照す意である。

無等比火

真言の𑖀𑖭𑖦𑖐𑖿𑖡𑖰《アサンマギニ》の無等比火は、平等性智の無等比の火と習う。平等智の中には一切平等にて我・他・彼・此の差別なく別物を雑えないからである。

火院真言

真言は𑖌𑖼𑖀𑖭𑖦𑖐𑖿𑖡𑖰𑖮𑖳𑖽𑖣𑖘𑖿《オンアサンマギニウンパッタ》（オーン　比べもののない火よ、フーン　パット）。

五九　大三昧耶

大結界

これは前の火院の外を重ねて大三股の印を以て大結界するのである。若し近くに金輪佛頂法を修する者があれば、その力で今までの結界が破られる怖れがあるので、大結界をするのである。金輪佛頂の勢力も、こ

天部結界

の印明を破壊することはできぬ。天部には結界を用いぬが、大三昧耶の結界は用いる。諸天に結界を用いぬのは次の三つの理由に依るのであ

る。

一、本尊の天龍等は六道の下位であり、結界の明王は上位であり、上位の尊より下位の天に奉事することはない。

二、五種結界を用いば、実類の諸天は道場に入ることはできぬ。

三、善神影向の処には悪神遠ざかるが故に、別の結界を用いる要がない。

佛菩提結界

佛・菩薩に結界を用いるのは、佛・菩薩は平等大悲の故に善悪邪正を簡ばぬから、行者に若し妄念不如法のことあれば、大力の魔衆忽ち便りを得るからである。次に天部に大三昧耶を用うる拠は『随求陀羅尼経』にあって、徳叉迦羅龍王を迎えて修法する時に、世天法の故を以て大三昧耶の結界をしなかったら、龍王大いに瞋怒して行者を噛み殺したということが出ている。世天にも大三昧耶を結誦するのはこの説に依るのである。

『行法肝葉抄』巻上（大正蔵第七十八巻八八三頁中）には、私に云く、此の大三摩耶は結界のもとと見えたり。解界の時は必ず之れを解く故に云々とある。

五種結界というのは、地界・四方結・金剛網・火院・大三昧耶で、皆軍荼利の印明である。『陀羅尼集経』第八の「軍荼利品」（大正蔵第十八巻八五三頁上）に説いてある。印母は内縛で佛心を表わす。二中指立合せ二風を開き立てるのは三股杵で、理・智・事の三点を表わす。三平等の大誓を以て擁護する義である。『軍荼利儀軌』（大正蔵第二十一巻四六頁上）に、

又大三昧耶の印を結べ。十度内に相叉え拳と為し、並びに忍願を竪て、進・力を屈して鈎の如く、忍・願両辺に在りて三股杵の形の如くし、禅・智を以て進・力の側らに附け、右に印を旋らすこと三匝、密言三遍を誦じ、火院界の外を護れ、密語を誦じて曰く、

唵賞羯𠼝摩訶三麼琰娑嚩二合引訶引

此の印密言に由って加持するが故に、金輪王等佛頂経に説く如く、若し人有って頂輪王等佛頂を誦持すれば五百由旬内に餘部密言を修

する者、本所尊の念誦を請はば、聖者降赴せず、亦悉地を与えず、一字頂輪の威徳に摂するに由るが故に、若し此の大界を結すれば、設い隣近に頂輪王を持誦する人、阻礙する能わず、威力を奪わず、所持の餘部の密言皆速かに成就を得。

と説かれている。『石山次第』には印相を、

印　相

二手内に相叉えて二中指を竪て、二頭指を屈して二中指の後に着けて、鈎の如くして一穬麦許り相去れよ、二大指各頭指の根本に附けて右に旋らせ、三匝。次に印を出して曰く、結護法に云く、念誦已って右に揮え三匝、普く八方上下に転じて浄天の如く更に垢穢なし。密会の中に広博厳浄なり。是れ三昧耶の法なり。是くの如く結し已れ。経に云く、仮令い輪王佛頂及び諸の相違せる餘の真言者皆其の便りを得ず。云云

という。

十八道立に三憲ではこの印明を入れるが、中院流・広沢方には用いな

い。

大三昧耶真言

真言は《オン シヨウ ギヤレイ マ カ サ マ エンソワカ》（オーン　鏁よ、大三昧耶を　スヴーハー）。

後結界

部主よりここ迄が後結界である。

六〇　閼　伽

『大日経疏』第八には、

又供養の時先ず当に閼伽水を奉るべし（大正蔵第三十九巻六五九頁下）。

とある。

閼伽より一座行法中の供養が始まる。閼伽の本拠は『一字頂輪王儀軌』である。即ち大正蔵第十九巻三〇八頁下に、

次に閼伽を献ぐる印を結ぶ。前の根本印に準ず。二頭指を屈し、各中指に附け二大指を竪て、各頭指の根側に附く。真言に曰く、

曩謨三満多没駄南唵閼伽囉訶閼伽必哩二合野鉢囉二合底製鵄奚反娜末
鉗娑婆引二合訶引。

『石山次第』には、

或師云く、二手を以て閼伽器を捧げて欝金・白檀・龍脳香を以て香水に入れて供養し奉献せよ。

とある。先ず百字の真言を誦ぜよ云云、真言に曰く、として百字の真言を出して後に閼伽の真言・偈等を出している。閼伽は無渇水の意、花を浮べるのは香気あらしめるためで時花を用いる。時花を浮べる拠は『薬師消災儀軌』に見える。来客に先ず洗足の水を出すはインドの習いに依る。その習俗に依って無垢の双足を洗い奉るのである。

次に閼伽水を献ず　時花を其の上に汎べ　宝薬香種子を　水
内に置き　捧げて頂上に至って献ぐ　真言七遍を念じて　聖
衆のみ足を浴すと想い　所求の願を称す　真言に曰く、

曩莫入 三満哆没駄南唵誐誐曩娑麼娑麼娑縛二合賀引

香水を献ずるに由るが故に　垢を離れ清浄を獲
得て　如来の法身を證す（『薬師瑠璃光如来消災除難念誦儀軌』大正蔵第十九
巻二一頁上）。

今樒を用いるのは青蓮花に似たる故という。佛を迎えて先ず洗足の水を奉ることについて、『行法肝葉抄』巻上（大正蔵第七十八巻八八三頁中）には二義を出す。

一、和光同塵の垢を洗う。

一、行者未開悟の前には、依正二報共に垢穢有り、浄土を捨て来ってここに冥会したまうが故に、仮りに有垢の義を説くなり。

この二義は覚鑁上人の説で、道範師は、私に云く、二義差別なき歟と。『浴像経』の説に准ずるに、香水を以て佛様に沐するに、無量の功徳を得と。右手の大中二指にて花埦の縁を持ち、風指を閼伽器の端に添えて焼香に薫ずること三度、右手の小三股の印にて三度順に加持す。左手の持花の印の掌に置き、右の手の小三股の印にて軍荼利の呪を唱えて三度加持し、閼伽の印にて献げ奉り、明と偈を唱えて、次に右の手の空を閼伽器の内側にし、花を押え、風指を器の外に着け器を持ち上げ、花垸の外の縁の方を三度打って器を持ち上げ閼伽を花垸の中央に滴らすのである。終って器を元の如く花垸に置き両手に捧げて観念の辞を唱え本処に還す。三憲にては普通は花垸を打たず、連壇の時に打つ。

印につき『摂大儀軌』第一（大正蔵第十八巻六八頁中）に、

次に閼伽印を献ぐ　止観を蓮華合し　風を開いて火の節に附け
空各風に附け　先ず右後に左の膝　印を展じて額に至り　三
たび聖天に奉り　心内に所求有り　献ずるに随って皆啓白す
当に無垢地を得べし　悩を離れ清涼の定なり　閼伽の真言に曰
く
　唵嚩日囉二合娜迦吒吽　至願を求むる如く三たび百字の明を習う。

とある。止・観即ち二地を合するは、理にして水を盛る器を意味し、二水を合するは𑖪字の智水にして閼伽水、二中指は傍生趣及び無間等一切の熱地獄の苦火の火、二風がこれをまとうは彼の苦果を感ずる業である。業力は常に果をまとうて離れぬから、二空を以て二風の根に附けるのは、この業力をして大空に帰せしむるを表わす。因業不可得なるが故に、彼の果も亦不可得なりと観ずる。又二地・二水・二火を次での如く身・口・意、佛・蓮・金に配し、行者の三密を以て本尊の身・口・意を供じ、又三部の諸尊に供ずと観ずる。両手を持花の印にするのは、因業の垢染も清浄にして虚空に等しき義を表わす。

『祕蔵記』（弘法大師全集第二輯一〇頁）に、

一切の萬像其の水に影現して無高無下にして平等なるを平等性智に喩う。

という。本来清浄の水を以て無垢身を洗浴する意で、本来清浄の水は𑖪𑖽字で、無垢の身は𑖀字である。𑖀・𑖪𑖽無二無別なるを平等性智という。

『大楽の軌』には、

乃ち閼伽器を捧げて額に近づけ奉献せよ（大正蔵第二十巻五一〇頁上）。

という。額は是れ平等性智、閼伽も亦爾なる故という。閼伽の供え方に

ついて、『蘇悉地羯羅経』巻中には、

此れ更に祕密なり速かに其の願を満ず、此の時に当って誠心に作礼し再三啓白せよ、大慈悲者請う本願に依り道場に来降す。若し誠心ならずんば、徒らに念誦多し。乃至真言も亦皆慇重なり。両手を以て閼伽器を捧げ頂戴供養す。上悉地のためには心《むね》の間に置き、中悉地のためには臍の間に置き、下悉地のためには、先ず本尊の彼の所画像を観じ、其の像若し立たば、持誦の人も亦応に立ちて請うべし。幢像若し坐せば亦応に坐して請うべし。又彼の像を観るに、曲躬にして立つ勢ならば亦応に之れに効して之れに請い奉る。常に之れに請うは先ず本尊を所止の方を観じて彼れに向って請い、然して便ち身を廻らし、閼伽器を尊像の前に置き、復祕密有り、復所作の扇底迦等を観じ、諸餘の方所にして之れを請召し、本法に請召の真言を説くと雖も、或いは餘時に於いて諸の花菓を得、本尊の意に称うて応に奉請すべし。然して之れに献ず可し。当に之れに請う時、手の爪指を合し本方に随うて、但誠心を至して奉請し或いは両手を以て捧げ請え(大正蔵第十八巻六一五頁上)。

要するに此の印に依って理智不二生佛一如となり、佛・蓮・金三部の諸尊に、八葉の蓮花に香水を盛って供ずることを表わす。此の供養に依って、修行者一切の煩悩の罪垢は消滅して、三業清浄となる。

閼伽真言　真言は𑖌𑖼《オン》𑖪𑖕𑖿𑖨《バザラ》𑖺𑖟𑖎《ダキャ》𑖙《タ》𑖮𑖳𑖽《ウン》（オーン　金剛の水よ、タハ　フーン）。

六一　華座

本尊無垢の御足を洗い奉ったので、次に蓮花座に坐したまえと請じ奉るのである。召請する尊に依って花座に別がある。

花座の別　佛　部―八葉の開敷蓮花、白色の蓮である。真言は𑖌𑖼《オン》𑖎𑖦𑖩《キャマラ》𑖭𑖿𑖪𑖯𑖮𑖯《ソワカ》。

𑖎𑖦𑖩は蓮花である。

菩　薩—八葉の先きを少し閉じる。白に黄の混った金色の蓮。

明王部—六葉の蓮、蓮花合掌して二火の背に二風をつける。色は白・青・黄三色の合したもの。真言は《ナモウサマンタア》。

天　部—四葉の蓮。蓮花合掌して二中指を開き、二風を二中の上節の背につけ、地・水指を並べ合す。赤色の蓮。但し異説多し。一説には、地・水・火三指をつけ二風のみを開く。色は赤と観ず。真言は《オンアソワカ》。

荷葉座は右手を金剛拳にして腰に安じ、左手は五指を舒べて掌を仰ぎ肩とひとしくする。天部の中でも毘沙門天は佛部と同様に扱い、毘奈耶迦などは最も下位である。従って

天部には四葉の蓮花座と荷葉座とがある訳である。

佛部の八葉の開敷蓮花の形は、心中の白蓮花を表わしたるもの。八葉は因位の八識にして胎蔵の理、この八識を転じて得る所は果位の五智で金剛界の四佛・四波羅蜜である。即ち因果一如、理智不二を表わす。諸佛

・菩薩は内には此の理智不二の浄菩提心の心蓮を開敷したまう故に、外に蓮花の開いたるを以て住所とする。浄菩提心は体に約すれば蓮花、用に約すれば月で、両部の諸尊は皆蓮月に住せられる。即ち尊も座も倶に浄菩提心であるから能所不二である。

六二　振　鈴

振鈴二義

振鈴の意義について世間と出世間の二義がある。世間の意義については、本尊が蓮花座にお坐りになったので、歓喜せしめ奉るべきであるから、大国の法は客を請じて座についた時、必ず音楽を奏して歓喜せしむ。依って世法に順ずれば歓迎の音楽である。出世の義について見るならば、既に覚を成じ終って説法する表現である。

振鈴については『青龍寺軌記』に曰く、

次に振鈴　右手に杵を執り腰に安じ、左手に鈴を執り腰に安く声を生ず

るを得ず　徐徐に鈴を振る。中腰、外に口を向け自胯に置き、次に杵を抽擲三遍、辟除結界、五処を印し、然して後心上に安き、次に鈴を挙げて肩の上に当つ。耳の側に振る五遍、次に胸の前と額の上に振る各二遍。次に杵を以て身の五処を印し、然して後還って本所に置く

（大正蔵第十八巻一七四頁上）。

胸の前と額の上に振る各遍とあるのは、胸の前に二度、額の上に振る二度である。弘法大師の[illegible]即ち『作礼方便次第』或いは『胎蔵薄紙次第』というものに説かれてある。曰く、

振鈴　心上に五度、諸尊を驚覚す。左の耳に二度、召請を成ず。又二たび振って止めよ。次に鈴を腰に安き、杵を以て五処を印して本処に安く（弘法大師全集第二輯四〇八頁）。

数に錯誤がある。或いは古くはかく振ったのであろうか。『五輪投地次第』『胎蔵普礼五三次第』には入佛三昧耶の次に閼伽、花座の前に振鈴がある。『薄紙次第』には真言は説かれていないが、『胎蔵梵字次第』（弘法大師

全集第二輯二五六頁）には、

次に振鈴　オンバザラゲンダトシャコク

とある。『行法肝葉抄』巻上（大正蔵第七十八巻八八三頁中）の振鈴に作法を記して次の如くにいう。

又云く、左の手に鈴を執り腰に安き、右の手に五古を執り心中に安く。先ず五古杵を以て三度抽擲して後、左右に三度廻転す、辟除・結界の義なり。擲は是れ遊戯の義、廻は自在の義なり。凡そ左の手に鈴を持するは是れ適悦の義なり。腰の左に置くは大我を表するなり。左は是れ定、腰は是れ地輪なり。定の手を以て鈴を振るは、定安楽の義を表す。地は信を表す。信を以て佛法の本とするが故に、左の手を以て左の腰の上に按ずるなり。右の手に五古を持するは是れ五智の義なり。慧に依って定を得るが故に、先ず五古を取り後に鈴を取る。亦定に依って慧を起すが故に、先ず鈴を置き後に五古を置くなり。五古を擲つは是れ自在の義を表す。転じて挙げて外に向うは、一切衆生に皆五智を具することを表するが故に、化他の義なり。左の耳の上に五度振るは是れ五智の義即ち因位なり。又過去の義なり。何んとなれば、因を修して果を得るが故に。亦心の前に三度振るは三佛の義即ち果位なり。此れは現在化他の義なり。額の前に二度振るは、二点亦二智の義、即ち未来なり。一證已後尽未来際、衆生を化して皆此の因位を得しむるが故なり。是れ高野阿闍梨僧正御伝也。能く能く祕密にす可きなり。云云

終りに近い二点は始覚上転、本覚下転の二転か。二智は正体智・後得智か。

凡そ左の手以下は少し文字を異にするが、高野阿闍梨僧正即ち後僧正真然師の口訣『鈴杵義』の文である。道範師（大正蔵第七十八巻八八三頁下）は続いて五度・三度・二度について、先ず耳を以て能縁とするが故に、五蔵の般若に対して耳門に当てて五度振る。次に般若・智慧に依って三解脱門に入るが故に心の前に当てて三度振る。三空観に依って二種法身

を證するが故に額の上に二度振るという説を出し、その次に大師、二羽を舒べ、同時に杵・鈴を執り、即ち𑖪𑖕𑖿𑖨𑖢𑖯𑖜𑖰《バザラハニ》と唱え已って、鈴を以て腰に安じ杵を以て抽擲三度、即ち逆に三転、順に三転して心上に横たう。次に左の耳の辺に五度、心の前に三度、額の前に二度振って、次に五古杵を以て五処を加持し、処毎に𑖌𑖼𑖪𑖕𑖿𑖨𑖭𑖝𑖿𑖪𑖾《オンバザラサトバアク》を誦じ、五処終って杵・鈴を本処に安置す。但し中間に鈴を鳴り響かしむること勿かれと、大師の『胎蔵普礼五三次第』の文かと思われる説を出している。大師の『五輪投地次第』（弘法大師全集第二輯四七五頁）には杵を三度抽擲して、逆順加持の後に次に五処を加持し了ってとある。三憲では逆順加持の後、慈救呪一遍を唱えて五処加持をし、振り終って逆順加持の後に五処加持但し運心とある。中院流にては五処加持並びに虚空加持は用いぬ。右の文の終りに近く𑖌𑖼𑖪𑖕𑖿𑖨𑖭𑖝𑖿𑖪𑖾は金剛薩埵の真言である。

道範師は次に（大正蔵第七十八巻八八四頁上）、

私に諸師の口決等を検するに、抽擲の時は𑖮𑖳𑖽一字の明を誦ず。辟除結界の時は不動一字の心呪を誦ず。忿怒帰命。五処加持の時金薩羯磨会。三度投弄して上げたるは、普賢地初地大普地等覚普照曜地妙覚を超昇する義なり。辟除結界は四魔を降伏する義なり。杵を心に当て拳を外に向うは自心本有の五智金剛なり。汝が心中に本より此の五智有りということを衆生に示す義なり。杵の末を左にし、本を右にして、直竪に非ざる事は、此の五智の不縦不横なることを表わすなり。凡そ左は定、右は慧なるが故に、左の定の手を以て鈴を振る。是れ衆生の長眠を驚覚して、心中本有の五智を知らしむなり。振鈴以後の辟除結界は衆生の四魔を降伏する歟。鈴杵を取る事は、常の作法は右の手を以て先ず杵を取り、次に同手を以て鈴を取る。是れ定に依って慧を起すの意なり。

等と沙汰してある。一説には振鈴の間は金剛薩埵の三摩地に住し、を唱えて三度抽擲するは、麁・細・極細の三妄執を度する義、逆順加持は辟除・結界の義であるという。作法は右の手を以て先ず五股杵を取り、鈴の五股の後ろの方に斜めに当て羯磨の形にして鈴を斜めにし、音のせぬように心して火舎と前供の閼伽器との間を通って胸の前にて鈴を左の手に取り移して左の腰に安じ、右の五股杵を右の腰のあたりにて三度抽擲、𑖀三遍、大空の理に入る心にて、三地（初地・等覚・妙覚）超越を意味す。所化加持である。左の鈴は能化加持、適悦歓喜、薩埵の三昧、無我の大我を表わす。次に五股杵を不竪不横に心の前に逆順三転、慈救呪各一遍、五智一切諸法に於いて逆順旋転無碍自在の義を表わす。次に杵を腰に安ずるは一切衆生本有の五智を以て、行者本不生の心地に帰同する義。次に左の耳に当てて五度、心の前に三度、額に当てて二度、但し杵は腰より少し高く、鈴は胸の前にて振る。三つづつ打つに異説があるが、𑖌𑖼𑖪𑖕𑖿𑖨《オンバザラ》で一度、𑖑𑖽𑖘《ゲンダ》で一度、𑖝𑖲𑖬𑖿𑖧𑖮𑖺𑖾《トシヤコク》で一度打つ。これについて外より打ち始める化他門と、手前より打ち始める自利門とある。意楽に依るか。或いはさまで意義を立つるにも及ばざるか。十度振って後諸おろし十遍程次第に早く、次に片おろし十遍程次第に早くして止む。他流の如く振りどめなし。次に鈴を左の腰程に安じ、右の五股杵を逆順に各三転、慈救呪各一遍。次に胸の前にて杵を逆・順を向うにして鈴と併せ持ち、音を鳴り響かせぬよう少し斜めにして、右の手にて火舎と前供の閼伽の間を通って金剛盤に置く。所化の衆生の始覚圓満して本覚に還着し、能化の法身の摂化既に終って法界宮に還住する義である。金剛盤は自心の八分の肉団にして、又これ自性金剛法界宮即ち法身の住処である。

振鈴真言

『青龍軌記』（大正蔵第十八巻一七四頁上）には振鈴が閼伽の前にある。真言は𑖌𑖼𑖪𑖕𑖿𑖨𑖑𑖼𑖘𑖝𑖲𑖬𑖿𑖧𑖮𑖺𑖾《オン バザラ ダンダ ト シャコク》（オーン　金剛の鈴よ、喜べ、ホーホ）。行法の初めより振鈴までは、従因至果の次第に修し、以後は従果向因の次第に修す。

六三　五供養

理供と事供

これに理供と事供がある。理供に胎蔵法の五供と金剛界の八供がある。八供の香・花・燈・塗は五供の中にあって、五供の飯食は八供にない。又八供の嬉・鬘・歌・舞が五供の中にはない。嬉・鬘・歌・舞は慧門であるから、智の金剛界にあり、飯食は定門のはたらきであるから、胎蔵法にあって金剛界にはないのである。東密は金剛界を表として修法するのに、別行立に五供を用うるのは両部双行を意味するのである。八供は単に金剛界の修法に用うる。理事倶に請じ奉った諸尊を御供養するのである。塗香は臭穢を去り熱を除き清涼ならしめる。佛身に塗るのである。花鬘は花環をさし上げるのである。香気あり美しきを択ぶ。毒あり悪しき香の花を供じてはならぬ。内縛して二風を立合せ二空を二風に少し離して先きを少し屈する。

焼香

焼香は妙香を薫じていよいよ清浄ならしめる。印の火指以下を立てるのは香煙を表わす。飯食の鉢の印は禅悦食を表わす。燈明は毗盧遮那大智の明が普く世間を照して隈なきを表わす。智慧の燈明を献ずるのである。

理供事供

五供養に理と事があるが、事供養を以て表とするのである。事供の本拠は『大日経疏』の「具縁品」(大正蔵経第三十九巻六五八頁上)にある。又『十一面儀軌』巻上（大正蔵第二十巻一四〇頁上）にも文がある。道範師は『行法肝葉抄』巻中の初めに理事供について次の如く述べている。

一、五供理事

振鈴以後行儀に三種有り。一に直に香華等事供を供う。二に先ず五供の印明理を結誦す。次に事供三たび羯磨会三十七尊の印明を結誦す大日次に本尊の印明を加う。次に事供直に供ず。四重祕釈を以て之れを観ず。其の功徳満足して闕減せず。

四重祕釈本文大師帰朝時自青龍寺被送船中云云

彼の三世中諸佛菩薩等五供養を修行する如く我れ今亦是くの如し。

已上初重

浄心を塗香とし、萬行を妙花とし、功徳を焚香とし、果徳を飲食とし、智恵を燈明とす。自心中心王大日尊心数曼荼羅を供養す。三界唯一心、心外に別法なく、自心を自ら供養す。色心不二の故に。

已上第二重

五供養の諸塵は六大の和合する所の大曼荼羅身なり。顕教等諸佛。手印摽幟等は三摩耶法身、真言色声中の文字句義等は法曼荼羅身、自身佛を供養する四処威儀等は羯磨の法身、我が今の四法身は諸佛と同一体なり。

已上第三重

我が今献ずる所の諸の供具一一諸塵皆実相なり。実相は法界海に周遍す。法界は即ち是れ諸の妙供、自他の四法身を供養す。三世常恒の普供養、不受にして受けよ。哀愍をも受けよ。

已上第四重

第一重は常途、第二重は唯心理顕極、第三重は四曼、第四重は六大法界。

已上四重祕釈自行の時心を澄まし之れを誦ず可し（大正蔵第七十八巻八八四頁上）。

等という。

理供養を図にすれば大略次の如くになる。

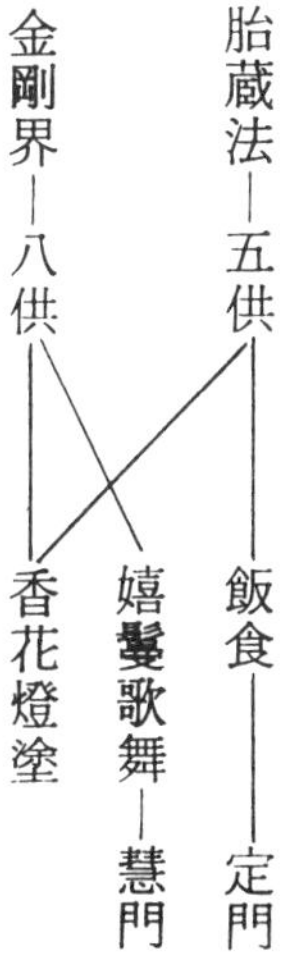

供じようは閼伽に準ずる。先ず焼香に薫じて左の持花の印に置き、小三股の印にてにて加持し、次の右の手を持花の印にして合し、と唱え供ず。花鬘は同様にして加持をした後右手の風空二指にて先ず左の花を次第の図にある如く花鬘器の向うに左からとなるように置く。前後供とも内から外に置く。中のを少し高く置く。これは宝珠の形と習う。三弁宝珠の形である。三枚を置いたら鉢を廻すことなく、花垸の向うの方を右手を逆にして持ち、そのまま廻すようにして元に置く。右の花が本尊の方に向くようにして置く。樒の葉を五葉に盛るのは五智を表わすのである。火舎を取るには右手の火風二指を火舎の下に入れ、空指を以て火舎の上にかけて取り、左手の持花の印に置き

常の如く加持し𑖄𑖽と唱えて供ずる。火舎が大きい時、或いは潅頂などの如く熱い場合等は手に取らず置いたまま加持して供ずる。飯食は器を取らず、左手を持花の印にして右の手を小三股印にして左の手を加持し両手の持花の印を合して𑖄𑖽と唱えて供ずる。次で壇の精進供その他を供ずる。作法は前の如くである。次に燈明は飯食と同じように加持し、右の手は燈明の印右手の火指に風指を添えて𑖄𑖽と供ずる。風指を火指の背につけて目より高くして供ずるのである。

六供

六度供と六道の苦

閼伽等の六種供養は六波羅蜜に配す。『桧尾口訣』に、

檀水戒塗忍辱花進焚禅飯般若燈精進遍六置中間。

とある。『観智儀軌』には六種供養に依って、六道の苦を離るることを説いている。

閼伽——檀——餓鬼道
塗香——戒——修羅道
花鬘——忍——人　道

焼香――進――地獄道
飯食――禅――天　道
燈明――慧――畜生道

塗香の真言は　ノウマクサンマンダボダナンビシュダゲンドドハンバヤソワカ　（いたるところにおられる諸佛に帰命いたします。清浄な塗香を生ずるために、スヴーハー）。花鬘の真言は　ノウマクサンマンダボダナンマカマイタリヤビユドギャテイソワカ　（いたるところにおられる諸佛に帰命いたします。大慈より生じたものよ、スヴーハー）。焼香の真言は　ノウマクサンマンダボダナンタラマダトバドギャテイソワカ　（いたるところにおられる諸佛に帰命いたします。法界に入ったものよ、スヴーハー）。飲食の真言は　ノウマクサンマンダボダナンアララキャラ ラバリンダダビバリンダダイマカバリソワカ　（いたるところにおられる諸佛に帰命いたします。私はアララ・カララの飲食を与えよう。私は飲食を与えた。大飲食よ、スヴーハー）。灯明の真言は　ノウマクサンマンダボダナン

（いたるところにおられる諸佛に帰命いたします。如来の灯明がゆきわたって光り輝くものよ、虚空のように勝れたものよ、スヴーハー）。

六四　讃

四智讃は佛の総徳を讃嘆する。西院流の『八結』の中の「続行法用心」に、金界の行法に四智の讃を用う。大日の讃を称して「四智の讃」と名づけたり。法界体性智を加えて何ぞ五智の讃といわざる哉。

四智讃　答う、法界体性智というは、是れ四智をふさねたる都号なり。四智を一心に備えたるを法界智というが故に、四智を離れて外に更に別体なきなり。故に四智の讃というは即ち五智の讃なるべし。別門の

五智の讃　四智に付いて法界の萬徳を讃ず。別もとより総なる意。

という。本尊讃は別徳を讃嘆するのである。依って総に約して四智讃の

みを用うることもある。猶中院流には三憲その他の流の如く、拍掌・舞儀・垂帯することはなく、金剛合掌にて唱える。

四智讃真言

真言は オン バ ザラ サ トバ ソウ キャラカ バ ザラ アラ タンノウ マ ド タ ラン バ ザラ ク ラマ キャ ヤ タイ バ ザラ キャ ラマ キャ ロ ハン バ （オーン　金剛薩埵が摂取なされたるから金剛宝は無上である。金剛の歌によって金剛の事業を行うものとなるべし）。

別供養

上の閼伽より讃までが別供養である。供養をする時は六器の上を通らず壇の外に出し火舎の前より入れ火舎に薫じる。

六五　普供養　三力

以上の別供養は丁寧を尽してもおのづから限るところがある。故にたらざるところを普供養の印明を以て総供養をする。この印・真言より無量無辺微塵数の広大供養の雲海を流出して、普ねく法界道場一切海会の聖衆に供養するのである。『石山次第』には「摩尼供養」という。『無量寿儀軌』(大正蔵第十九巻七〇頁中)に出るところである。

印母

印母の金合は虚空蔵菩薩の印と習う。二頭を宝形にするのは重ねて虚空庫菩薩の内證を表わす。内證は宝部であるから、最深祕に約せば両部不二の宝珠である。二大並べ立てるは理智の大空不二を表わし、二風と共に宝珠と見る。二中以下は宝珠の火焔である。依って宝珠を六大法界あらゆるものに供養し、二大の大空不二を以てこの供養も大空を離れざることを表わすのである。従って次で起るものは三力である。

三力

三力は三憲では普供養の印を改めず唱うるが、中院流・広沢方では印を改め金剛合掌して唱える。前にも述べた如く、三力和合して一切の悉地を成ずるが故に、普供養の次に三力を唱えるのである。即ち三力は三世諸佛の力を含む。

以我功徳力—行者現在の功徳力——自の善根力

如来加持力―過去已成佛の加持力―諸の誓願力
及以法界力―未来衆生性徳の佛力―法界衆生の修力

即ち行者所修の功徳力、如来の大悲方便所説の法の力を以て六大法界に及ぼし、所作の諸善各その性一味であるから、互に増上縁となるから、修する所の善行は僅かでも、その功徳に依って広大の功業をなすものである。ここに於いて請ぜられた賔客の本尊も、請召したる行者も、互に和気靉靆として融和し、行者所具の菩提心も開発し、圓満なる佛覚位を得るに至るのである。

六六　小祈願

以上事理総別の供養が終って、行者心中の念願を挙げて成就を祈るのである。上の「神分」の祈願分は総祈願で、今心中の祈願を陳べる別祈願なるが故に、「小祈願」というのである。

六七　礼佛

本尊句

これは行者の願望を必ず成就したまえと諸尊に祈り奉るのである。羯磨会の三十七尊並びに本尊の御名を唱えて礼す。『金剛界次第』に出る如く、初めに五佛を出し、次に金・宝・法・羯の四波羅蜜、薩・王・愛・喜、宝・光・幢・笑、法・利・因・語、業・護・牙・拳の十六大菩薩、嬉・鬘・歌・舞・香・花・燈・塗の八供養菩薩、鈎・索・鏁・鈴の四摂《せっち》智菩薩の三十七尊を礼して、次に本尊の御名を三遍唱える。三十七尊の次に本尊の句を加うるについて、『行法肝葉抄』巻中（大正蔵第七十八巻八八五頁中）に二義を出す。一義に、

今此の本尊は是れ普門の一徳の故に、普門三十七尊の次に本尊を礼する。

という。本尊句の次に金剛界・胎蔵法の両部の一切諸佛菩薩を挙げる。皆漢音に唱える。

中院流にては初めの摩訶毗盧遮那佛と本尊の句はノウボと読み、その餘は皆ナモと読む。普供養・三力が終り、小祈願・礼佛が終ったので入我我入観に入る。

六八　入我我入観

入我は本尊が我が身に入られること、我入は我なる行者が本尊の御身中に入ることである。本尊の種・三・尊は行者が本来具有せる種・三・尊と無二一体なりと観ずる。『行法肝葉抄』巻中（大正蔵第七十八巻八八五頁中）には、

上の道場観は自心の佛並びに已成の佛、此の二佛の影像の他受用身に冥会す云云。今の入我我入は彼の二佛の本質、自の性と互相に渉

入す。法性圓融は全体相入の故に云云。観念せよ、本尊の身、吾が身に渉入す等といっぱ、且く身を挙げて餘の二を摂す。具さには三密の互相渉入を観ず可し。

入我と我入

弘法大師は『祕蔵記』（弘法大師全集第二輯一三頁）に、

謂わゆる吾れは遍法界の身なり。諸佛も亦遍法界の身なり。吾が身を以て諸佛の身に入るれば、吾れ諸佛を帰命す。諸佛の身を以て吾が身に入るれば、諸佛、我れを摂護したまう。吾が口業を以て諸佛の口業に入るれば、吾れ口業を以て実の如く諸佛の功徳を讃嘆す。諸佛の口業を以て我が口業に入るれば、諸佛、説法教授して我れを加持したまう。我が意業実相の理を以て、諸佛の意業実相の理に入るれば、吾れ諸佛の心及び吾が自心を知る。諸佛の意業実相の理を以て、吾が意業実相の理に入るれば、諸佛、観照門を以て我れを開示したまう。已成の如来の因より果に向う。其の中間に於いて修する所の功徳、以て煩悩を浄め正覚を成じて後、衆生を度する利他の功徳広大無辺なり。一佛の功徳すら広大無辺なり。況や無数の如来の功徳は不可説不可説なり。斯の不可説不可説の功徳を以て吾が身に入るれば、諸佛、法界蔵を開いて、無量の功徳を以て我れに施与したまう。我が本来本有の功徳と、此の生の所修の功徳とを以て諸佛の身に入るれば、吾れ、諸佛を供養す。本尊の三密の鏡の明らかなること大圓鏡智の、一切の色相を照すが如し。本尊と吾れと無二無別なり。吾が三密の鏡の明らかなること本尊の三密の鏡の如し。已成未成の諸佛と吾れと、無二無別なり。已成未成の諸佛の三密の鏡の明らかなること、吾が三密の鏡の如し。諸佛は萬徳圓満の眷属囲繞せり。吾れも亦萬徳圓満して眷属囲繞せり。諸佛は遍法界の身なれば、吾が身諸佛の身中に在り。吾が身遍法界の身なれば、諸佛の身吾が身中に在り。譬えば因陀羅網の如し。

と説かれてある。又三平等観（弘法大師全集第二輯一八頁）の条に、

先ず本尊を観じて壇上に安置せよ。次に吾が身は即ち印、語は即ち

真言、心は即ち本尊なりと観ずべし。是の三密平等平等にして法界に遍ぜり。是れを自の三平等と名づく。吾が三平等と本尊の三平等と同一縁相なり。是れを他三平等と名づく、只本尊と吾が三平等と同一縁相なるのみに非ず。已成未成の一切諸佛の三平等も亦同一縁相なり。是れを共三平等と名づく。同一縁相の故に真言印契等しきが故に、諸佛を吾が身中に引入す、是れを入我といふ。吾が身を諸佛の身中に引入す、是れを我入といふ。入我我入の故に諸佛の三無数劫の中に修集する所の功徳我が身に具足しぬ。又一切衆生の身中の、本来自性の理と吾れ及び諸佛の自性の理と平等にして差別なし。而も衆生は知せず覚せずして、生死に輪廻す。茲れに因って我れ衆生のために悲愍を発して、修する所の功徳自然に一切衆生の所作の功徳と成る。是れ則ち真言行者の利他の行なり。真言行者当に手印を作し、真言を誦じ、乃至一切の時に恒に斯の観を作すべし。

更に『石山次第』には、「入我我入観」として、文に云く、衆会眷属自ら囲繞して圓寂大鏡智に住す。云云。謂わく大圓鏡智の定に入って、諦かに観ぜよ、三十七尊五部の眷属入我我入なり。口決に云く、定印を結んで観想せよ、我れ既に大日如来と成んぬ。五部の眷属三十七尊有り。一一の部に亦十不可説微塵数の諸の眷属、如来聖衆有り。亦已成の如来五部の三十七尊有り。亦一一の部に十不可説微塵数の眷属聖衆を具す。而も我れと相対したまえり。他の衆生の所にて亦復是くの如し。即ち是の諸の如来吾が自身に入りたまう。吾れ亦如来の身に渉入したてまつる。譬えば多くの圓鏡の相対するが如くして、互相に影現渉入したまうと。云云。

入我我入観の意義知るべきである。

定　印

因みに定印について述ぶれば、定に住するを標示する印に三部・五部の別がある。佛部の定印は胎大日の印で、右手の背を左手の掌に安じ、大指を拄うる法界定印である。『仁王護国般若波羅蜜多経道場念誦儀軌』に説くところである。

蓮花部定印

蓮花部の定印は、両手外縛して仰げ二手の大頭二指を捻する、弥陀の定印である。『金剛頂経瑜伽修習毘盧遮那三摩地法』に説く妙観察智印である。金剛部の定印は外縛せる法界定印、『金剛頂蓮華部心念誦儀軌』等に説くところである。宝部の定印は謂わゆる三弁宝珠の定印。羯磨部の定印は外縛して仰げ大指と小指を拄え、膝の上に安ずるのである。かくの如く印相が説かれるが、通じて金剛界には弥陀の定印、胎蔵法には法界定印を用うるが、習として一法尊の時、入我我入観と字輪観とに、法界・弥陀の両定印を交互に用うる。即ち、

入我我入観　　弥陀定印
字　輪　観　　法界定印

いづれを用うるも可というのであるが、普通には入我我入観に弥陀定印、字輪観には法界定印を用うる。若し入我我入観に法界定印を用いたら、字輪観に弥陀定印ということになる。「入我我入観」の文については短く、

観想《セヨ》 本尊入《リ玉フ》ニ我《カ》身《ニ》一我《レ》亦入《ル》ニ本尊御身中《ニ》一譬《ヘハ》如《シ》ニ多《クノ》明鏡相対《メ》互《ニ》

影現渉入《スルカ》一。
と要約したものも行われている。

六九　本尊加持

本尊については『祕蔵記』に「本尊義」（弘法大師全集第二輯三〇頁）と標して、我が本来自性清浄の心は世間・出世間に於いて最勝最尊なり、故に本尊という。又已成の佛の本来自性清浄の理も、世間・出世間に於いて最勝最尊なり、故に本尊といわれ、加持については『祕蔵記』（弘法大師全集第二輯三六頁）に「加持義」と標して、加といっぱ諸佛の護念なり、持といっぱ我が自行なりといわれる。又『即身義』（弘法大師全集第一輯五一六頁）には、

加持といっぱ如来の大悲と衆生の信心とを佛日の影衆生の心水に現ずるを加といい、行者の心水能く佛日を感ずるを持と名づく。

等と説かれてある。諸佛の護念を行者の受容するのが「本尊加持」である。入我我入観と正念誦と字輪観に各々に本尊加持があるのは、本尊の三密と行者の三密が同体なることを印可決定し、その観念を確かにするのである。即ち今は本尊の身と行者の身と同体の義を印可決定するのである。

七〇 正念誦

正念誦に入る前に焼香がある。入我我入観の身密に対し正念誦は本尊の語密である。本尊の真言を正念に誦ずる。邪念・散乱心を忌む。『祕藏記』（弘法大師全集第二輯三四頁）には、

念誦の時若し散心有らば、出入の息を観じて一法界となして、我が身及び本尊を此の一法界に摂し、又一切の諸法を此の一法界に摂す。然して後念誦せよ。

と散乱心の儘で念誦すべからざることを訓されている。『石山次第』には

作法を「用念珠法」として、

右手を以て念珠の母珠を取って、左手の頭指以下の四指に懸けて、即ちこれを纏うて五廻りにして右の掌に承けて香煙に薫ぜよ三遍。次に三度左右の掌に移せ、是れ遠塵離垢の義なり。次に珠を虚掌に入れて心に当て[illegible]字を誦ぜよ三七遍。次に[illegible]、次に[illegible]、次に[illegible]、次に吠盧遮那摩攞娑嚩二合賀引。各三七遍加持し了って、三度頂戴して即ち頂に捧げて誓願して曰く、

我欲抜済無餘界　一切有情諸苦難

本来具足薩般若　法界三昧早現前

是くの如く誓願し已って右手を以て母珠を取って、三転引き旋せ。

引旋の真言に曰く、

唵嚩日囉二合玉呬耶惹波三摩曳吽

と念珠旋転の作法を説いている。これについて『祕蔵記』（弘法大師全集第

二輯三二頁）に、

念珠を始めて三遍引き越す所以は、真言の菩薩或いは十六三昧を一一次第に證し、或いは一の三昧を得ると共に十六同時に證す。念誦（ママ）を引き越すは是れ十六頓證の義なり。

と説く。『石山次第』には前の文の次に、「正念誦法」と標して、

右手の大頭二指を以て念珠の母珠を取って、左手の大頭二指を以て念珠を取り、餘の六指を直く伸べて心に当て、二手を相去ること三寸許りにして、観想せよ、我が心月輪の上に祕密真言有り、皆分明なり。亦本尊の心月輪の上に祕密真言有り、皆分明なり。本尊の誦じたまう時に、本尊の御口より出でて、我が頂上より入って心月輪の上に至る。又我が誦ずる時は我が口より出でて、本尊の御足より入って心月輪の上に至る。是くの如く相続し輪転して字道分明なり。譬えば珠髪を転ずるが如し。其の字道乳色の如くして旋転するなり。真言一遍を誦じて即ち一珠を移せ。念誦の声緩かならざれ急な

らざれ。声を出さずして、且誦じ且観ぜよ。若しは百八、若しは千八十遍を限りとす。復数を過ぎるまで為よ。念誦の遍数了って即ち前の如く珠を纒めて蓮花合掌に入れて、頂に捧げて誓願して云く、

修習念誦法　以此勝福田
法界諸有情　速成大日尊

是くの如く誓願し了って三度頂戴して筥に納めよ。

と説く。中院流は正念誦用の念珠を念珠筥に入れ脇机に置く。『時処軌』（大正蔵第十九巻三二六頁下）に、

意に随って念誦を作せ　若し珠を執って数を記せば
一百八未だ満たざるに　中間に語すすべからず
若し語を要すれば当に観ずべし　囕字を舌上に於いて
縦《ほし》いままに語を間うることを為さざれ。

とある。行法中に餘語をまじえることは堅く禁じられているところである。又『薬師瑠璃光如来消災除難念誦儀軌』（大正蔵第十九巻二二頁上）に、

母珠より初めて起し　一遍に一珠を捻し　真言の末字畢るに
母珠に至って却廻し　母珠を越すべからず　驀過すれば越法の
罪あり。

と母珠を驀過することを禁じてある。母珠よりはあとへ還るべしという
ことである。

念誦に五種有ることは『祕蔵記』（弘法大師全集第二輯三八頁）に、

五種の念誦、謂わゆる蓮華念誦・金剛念誦・三摩地念誦・声生念誦・光明念誦なり。蓮華といっぱ誦ずる声自らの耳に聞ゆ。金剛といっぱ謂わく唇歯を合して少しく舌端を動す。三摩地といっぱ都て舌を動ぜず心に於いて念誦す。皆是れ心蓮華の上に月輪を敷いて、月輪の上に明了に阿字を観ぜよ。観と念誦と相応して差違せず。生といっぱ心蓮華の上に商佉を安ず貝白商佉より妙音声を出す。譬えば鈴を振るが如し。光明念誦といっぱ口より光明を出すと念想して持誦するのみ。其れ声を出すにも出さざるにも、常に是の念を作せ。

この中蓮華と金剛の念誦がよいというのであるが、『石山次第』にいう念誦は、金剛念誦に相当するが、加行者等には蓮華念誦がよろしかるべし。

『行法肝葉抄』巻中（大正蔵第七十八巻八八七頁上）には、『如意輪陀羅尼経』（大正蔵第二十巻一八九頁下）を挙げて、念珠筥の蓋を開く意義等について、

先ず念珠筥の蓋を開き百八珠を一度に之れを取るは、除蓋障三昧を以て五蓋障を除いて百八三昧を頓證するなり。念誦了って筥に収むるは、修生の功徳を以て本覚の位に帰する意なり。本覚の前には蓋障即具徳なり。念珠筥の蓋を覆うは即意なり。[illegible]云く、焼香に薫ずるは遍至法界の義なり。三度左右に移すは遠塵離垢の義石山次第珠を掌に入れ心に当て[illegible]字三七遍を誦ずるは、常の義に云く、[illegible]は浄珠の明なり云云、祕口に云く、語菩薩の明なり。念誦を主さどる故に之れを誦ず。次に[illegible]三字は三部三密の明なり。真言の総体なるが故に之れを誦ず。次に[illegible]摩羅娑婆賀といっぱ、大日は法界の

本尊なるが故に之れを誦ず。摩羅といっぱ、三度引越すは超越證の義、一一別珠移し渡す、正念誦は次第證の義なり。故に此の念誦の間に頓・超・漸の三證有り。而して此の宗は頓證を本と為す。故に此の薫香以下は果後化他の重宝なり。

但し晴には正念誦の念珠は用いず、念殊を繰るは説法の印で、化他の故に仰いで外に向けて風空指にて繰り、餘指を立て、驀過を忌む。右手にて繰りこみ左手にて押出す。一方の五十四顆は上求菩提下化衆生で修生始覚昇進の五十四位、一方不流の五十四顆は本有本覚常住の五十四位である。誦呪の間は始終印を外に向けるがよいが、繰りにくきにより、印を内にして運心にて外へ向けると観ずるを許す。説法印にて七遍繰りて印を内へ向けるのが習いである。正念誦の後にて念珠を磨ることは禁じられている。又焼香に薫ずることは初めは三度、後は一度。

正念誦真言

真言は《ランアウンバン》　《オンベイロシャノウマラソワカ》　《オンバザラグキヤジヤハサンマエイウン》

（ランア　フーン　バン。オーン　毗盧遮那の念誦の釁よ、スヴーハー。オ

ーン　金剛の秘密の念佛の三昧耶に於いて、フーン）。

七一　念珠

正念誦のことを述べた。因みに念珠のことを述ぶれば、念珠は数珠ともいい、『行法肝葉抄』には『高雄口決』等を挙げて詳しく記されているが、珠の数については『法経録』第三（大正蔵第五十五巻一三二頁中）に初めて名が出るので、梁代以後の訳出と見られる『木槵子経』（大正蔵第十七巻七二六頁上）には、

若し煩悩障報障を滅せんと欲せば、当に木槵子一百八を貫き以て常に自ら随うべし。

といい、『陀羅尼集経』第二（大正蔵第十八巻八〇二頁下）の「作数珠法相品」には、百八・五十四・四十二・二十一珠を挙げ、『金剛頂瑜伽念珠経』（大正蔵第十七巻七二七頁下）や『文殊儀軌経』「数珠儀則品」（大正蔵第二十巻八七四頁上）

等には、一千八十顆・一百八顆・五十四顆・二十七顆の四種を出し、『数殊功徳経』（大正蔵第十七巻七二六頁下）には、一千八十顆を除き十四顆を加うる四種を出せるに依って、一百八顆が念珠の基本形としてよいようである。その作りようは『陀羅尼集経』第二（大正蔵第十八巻八〇三頁上）「作数珠法相品」に、

是の相の珠一百八顆を作り、珠を造成し已らば、又一の金珠を作りて母珠と為す。

又更に十顆の銀珠を作りて珠を造成し已らば以て記子に充つとあるより見れば、元は一母珠百八顆、十記子の姿であったことが知られる。百八顆を五十四顆に分けて両母珠にしたのは、『行法肝葉抄』巻中（大正蔵第七十八巻八八六頁上）には、

此の高雄口決の二母珠の数珠は、大師御影の所持の念珠の様なり。

是れ五十四の数珠の二連を一念珠と為す。

というて五十四顆一母珠の念珠を二つ合して作ったもので、その源は大

師の御影御所持の念珠にあるというのであるが、真如親王描くと伝えらるる大師の御影御所持の両母珠の念珠は、当時中国に行われていたものであろうか。龍光院に伝持する大師が玄宗皇帝より贈られたる金絲を以て作られたるものも百八顆である。

次に念珠の材質については、『陀羅尼集経』第二（大正蔵第十八巻八〇三頁上）の「作数珠法相品」に、金・銀・赤銅・水精・木樓子・菩提子・蓮華子を挙げ、『守護国界主陀羅尼経』第九（大正蔵第十九巻五六七頁中）には、菩提子・金剛子・金等の宝、真珠・蓮華子種々和合の六種、『摂真実経』巻下「持念品」（大正蔵第十八巻二八一頁下）に、香木・鍮石・銅・鉄・水精・真珠・蓮花子・金剛子・間錯種々諸宝・菩提子の十種、『校量数珠功徳経』（大正蔵第十七巻七二七頁上）に、鉄・赤銅・真珠・珊瑚・木槵子・蓮子・因陀囉佉叉・烏嚧陀囉佉叉・水精・菩提子の十種、『金剛頂瑜伽念珠経』（大正蔵第十七巻七二七頁下）に硨磲・木槵・鉄・熟銅・水精・真珠・諸宝・帝釈子・金剛子・蓮子・菩提子の十一種、『蘇悉地羯羅経』巻中「供養次第法

念　珠

金剛子・宝部には諸宝・蓮花部には蓮子・羯磨部には種種和合とある。

『菩提場所説一字頂輪王経』第二（大正蔵第十九巻二〇二頁上）には、

菩提子念珠　決定して成就を得
上中下悉地　諸真言に通じて用う
金銀等にて珠を作り　増益に応に之れを用うべし
清浄頗胝迦　一切義成就す
童子、線を応に穿つべし　皆儀軌を具するに依って
当に自密語を用うべし　此れを以て加持を作す。

『金剛頂瑜伽念珠経』（大正蔵第十七巻七二七頁下）に、

縄線貫串は観音を表し　母珠は以て無量寿を表す
慎しみ驀過することなかれ越法の罪なり。

というが、今普通には百八顆両母珠の念珠を用い、母珠の緒留めでない方は達磨といい、これは念珠が蓮花部三昧耶であるからで、五部各別に約せば、佛部には母珠を没駄、金剛部には𑖪𑖕𑖿𑖨というべしと道範師は

品」（大正蔵第十八巻六一八頁上）に菩提子・蓮華子・嚕椰囉叉子・木槵・多羅樹子・土・螺旋・水精・真珠・牙・赤珠・諸摩尼・薏苡珠・餘草子の十四種、『蘇婆呼童子請問経』巻上「除障分品」（大正蔵第十八巻七二二頁上）活児子・蓮華子・阿嚧陀囉阿叉子・水精・赤銅・錫・木槵・琉璃・金・銀・鑌鉄・商佉の十二種等を挙げている。

材質に依る優劣については、天竺三蔵阿地瞿多訳の『陀羅尼集経』第二（大正蔵第十八巻八〇三頁上）に水精第一といい、『摂真実経』巻下「建立道場発願品」（大正蔵第十八巻二八一頁下）は五部の差別を説いて、佛部には菩提子、金剛部には金剛子、宝部には金銀頗梨種種諸宝、蓮花部には蓮花子、迦嚕摩部には上の四種執持皆得たりといい、『蘇悉地経』巻中（大正蔵第十八巻六一八頁上）には佛部に菩提子珠・観音部に蓮花子珠・金剛部には嚕椰囉叉子・金剛部の珠は三部に遍く用い、此れ等の数珠は最も勝上とすとある。『守護国界主陀羅尼経』第九（大正蔵第十九巻五六七頁中）・『金剛頂瑜伽念珠経』（大正蔵第十七巻七二七頁下）には佛部には菩提子・金剛部にはいう。二つの母珠は究竟位で無量寿佛の説法の徳を表わす。四種門については、線は発心の義、諸珠は修行の義、母珠は菩提の義、母珠より弟子を出すは涅槃の義、菩提・涅槃は別離すべからざるが故に、證果し終って種種の作用があるので、母珠より十珠を垂るるのである。

念珠の緒

又貫く緒は観自在菩薩の徳を表わす。(赤色)発心は即ち菩提心、即ち慈悲心、観自在菩薩は慈悲心を体とするからである。

百八顆表示

百八顆は百八煩悩「三界見惑八十八、修惑十、十煩悩(無慚・無愧・昏沈・悪作・悩・嫉・掉挙・睡眠・忿・覆)」を表わす。又金剛界の百八尊に配する説もある。

五十四顆配当

五十四顆の配当は、十信・十住・十行・十回向・十地に煖等の四善根を表わす。五十四位の上はないので、母珠を驀過しないのである。修行の五十四位極まって転じて逆に化他門に出るのである。

十弟子表示

十弟子は五十四位の位地に各十波羅蜜を行ずるを表わす。散念誦等の時この十弟子を動かして数をとるので記子ともいう。

念珠の露表示

二つの露は福智の二厳という。緒留につくのは本有の徳、達磨につくのは修生の徳に約す。七珠目と二十一珠目の四夥

念珠小珠　の小珠は四天と称し、四天王に擬する説と、阿弥陀如来と法利因語の四親近の四菩薩にあてる説がある。この四顆は古様にはない。達磨の記子

助　明　の上部に小珠を附するは、助明といい記子の補闕のために設けるところ、

浄　明　浄名というは助明の転訛音である。

『宗秘論』（弘法大師全集第二輯一〇九頁）に、

相無三摩地

無相三摩地には何ぞ念珠を把ることを須いるや。

如来、珠を制したまうことは、衆生を憐念したまうこと深し、長えに塵境に相随うて、念佛に住することを深からしめたまうなり、佛は本、心裏に在す。珠は記すを義とす、事法即然の如し。誰か如来の智に測りたてまつらんや。真如は体無相・有相は咸く虚偽、真言は無相門、念珠を以て標幟を作す、佛、置きたまう所の念珠は、珠に無量の義を含む、母珠は弥陀を表わし、使珠は二大士、一は観世音を表し、二は大勢至を表す、心に安ずるは大乗に住す。観じて諸法の理に通ず。善く念じて常に相続すれば、心、菩提の記を得、法

に依って其の珠を造れば、福を獲て無辺の利あり。

とある。

念珠材質

前に挙げた材質に依って修する法の用途を異にするという説がある。

一、佛　部――菩提子――息災法

二、蓮花部――蓮花子――敬愛法

三、金剛部――金剛子――――――降伏法

四、宝　部――金・銀・水晶等――増益法

五、羯磨部――雑色宝珠――――鈎召法

自行の用には菩提子或いはそれに準ずるものを用うるを良しとする。晴には導師は皆装束、職衆は半装束を用いる。弘法大師御影御所持の念珠は半装束のように伺える。

念珠筥典拠

正念珠の数珠筥を用うる典拠は、不空三蔵訳の『七倶胝佛母所説准提陀羅尼経』（大正蔵第二十巻一八三頁中）に、

念誦畢已って珠を掌中に蟠げ、頂戴発願して是の願を作して言さく、

以我念誦功徳　一切衆生所修真言　行求上中下悉地速得成就。珠を
篋中に安く。

とある。

念珠材質

『蘇悉地経』巻中（大正蔵第十八巻六一八頁上）には、

菩提子の珠は佛部の念誦に、蓮花子の珠は観音部に用い、嚕椰囉叉子は金剛部の珠は三部に遍く用う、各前説の如し。此れ等の数珠は最も勝上と為す。一切の念誦に応に執持すべし。或いは木槵を、或いは多羅樹子を用い、或いは土を用て作り、或いは螺旋を珠に作り、或いは水精を以てし、或いは真珠を用い、或いは牙にて珠を作り、或いは赤珠を用い、或いは諸の摩尼等、或いは薏苡珠及び餘の草の子、各部に随い、其の色類を観じ、応に取って念持せよ。若し阿毘遮嚕迦法を作さば応に諸骨を用て数珠を作れ、速やかに成就を得、増益の法験を護浄するが故に更に応に誦ずべし。

念珠と呪

というて次に佛部・蓮花部・金剛部等の真言を出す。次に、

前珠の印を以て之れを念誦せよ。念誦の時、珠を置いて心に当て、高下するを得ず。数珠を捧ぐる時、以て小しく頭を低れ、志誠心を結して三宝を礼せよ。次に八大菩薩を礼し、次に明王・眷属を礼し、次に応に首を起して真言を持誦すべし。真言主を想い、目前に対する如く、是くの如く傾誠して、散乱心に別境を縁ずべからず。但諸真言の初めに唵の字及び嚢上麼塞迦去嚂等の字有らば、応に静かに心中に念誦すべし。扇底迦の時、補瑟徴迦の時、皆応に緩かに誦ずべし。或いは心に念誦し、或いは真言有って、後に餅字有り、及び泮吒の字有らば、当に知るべし皆応に声を励まし念誦せよ。阿毘遮嚕迦の時及び餘忿の時、用いて真言の字数に多少有るを看て、字に十五有らば応に十五落叉を誦ずべし、遍く三十三字有らば、応に三落叉を誦ずべし。此の数を過ぐれば十千遍を誦ずること上の如し。

とある。『蘇悉地経』らしく丁寧な説き方である。

七二　本尊加持

本尊加持と三密

この段の本尊加持は、本尊の語密と行者の語密と同体なることを印可決定するのである。

七三　字輪観

字輪観と無相

字輪観語義

以上の修法は皆有相である。字輪観はこの有相の行を捨てて六大無相の一心に帰入するのである。字輪観の語義について、心月輪の中へ梵字を布する故にという説と、輪を生の義と見るとの二説がある。前者は『阿閦如来念誦供養法』（大正蔵第十九巻一五頁下）に、

即ち字輪観に入れ　此の殊勝の願を以て

有情に廻向し　即ち本尊の印を結べ。

又次下に（一九頁下）、

即ち字輪観に入れ　心月輪の上に於いて
真言の字を行列し　金色にして威光を具す
実相の理を思惟し　応に唵字門を観ずべし
諸法に流注なし　次に阿字門を念ず
諸法本不生なり　第三に闍字門
諸法に尽滅なし　第四に陛字門
諸法に自性なし　第五に吽字門
諸法に因縁なし　一一真言の字
観法界性を観照し　初めより究竟に至る
心を注いで問わしむる勿れ。

といい、後者については『大日経疏』第十四（大正蔵経第三十九巻七二三頁中）に、

謂うところの字輪とは、此の輪より転じて諸字を生ずるなり。輪は是れ生の義、阿字の一字より即ち来って四字を来生するが如し。

心月輪観じ様

という。観じようについて『行法肝葉抄』巻中（大正蔵第七十八巻八八七頁下）には、

心月輪観ずる形、異説不同なり。或いは平圓にして鏡を立つるが如く之れを観ず。或いは平圓にして下に敷き上に並べて字を布く。或いは六方圓にして鳥籠の如く内に字を観ず。初心は仮相観の故に平圓等に之れを観ず。理実には圓珠の如く其の内に五方に五字を布くなり。

という故に、初心の行者は下に敷きたるように、或いは鏡を立てたるように平らな圓に観ずるが、已達の人はこれを圓珠の形に観ずるのである。即ち初心の行者は先ず身の前一肘量に、一肘量大の月輪を敷いたる如く、或いは懸けたる如くに観じ、観が熟するに及んでこれを漸次自分に近づけて遂に自身中に引入れる。已達の行者は直ちに吾が身内に心月輪を観じ、観熟すれば漸々に法界に周遍せしめ、更に漸々に縮めて心内に納めるのである。いづれとも自分が種子全体と成ると観じ、自分本有の徳相がそのまま本尊佛の徳相と観ずるのである。依って字輪観は三密の中に

字輪観意密

は意密にあたるのである。
心月輪の上に観ずる字輪について『行法肝葉抄』巻中（大正蔵第七十八巻八八七頁下）には、
別尊の時は彼の尊の小真言を旋繞して之れを布く。都法の時は
の五字を布く。
という。その中別尊については本尊の梵号を唱えて、
 諸法不破壊不可得
 対治無究竟不可得
 車業不可得
 達一切諸法不可得
 真如不可得
と観ずる釈迦法。愛染法の如く、

愛染法字輪観

 因業不可得
 憍慢不可得

𑖎　作業不可得

𑖮𑖯𑖽　了義不可得

𑖓𑖾　遷変不可得

阿弥陀法字輪観

本尊の小呪を観ずるもの。或いは阿弥陀法の如く本尊の種子𑖮𑖿𑖨𑖱𑖾を、𑖮𑖨𑖂𑖀𑖾と分って、

𑖮𑖿𑖨𑖱𑖾　清浄無垢染不可得

𑖮　因業不可得

𑖨　染浄不可得

𑖂　災禍不可得

𑖀𑖾　遠離不可得

不動法字輪観

と観ずるもの、或いは不動法の如き、𑖮𑖯𑖽の種子の字義より起って、観念せよ、心月輪の上に𑖮𑖯𑖽字有り、是れ因業不可得の義なり。因業不可得なるが故に果位も亦不可得なり。因果共に不可得なるが故に生死涅槃無別なり。生死涅槃無別なるが故に本尊と自身と隔てな

し。故に大自在力大堅固力有って、悉く自他の怨敵魔縁を摧破して、
大菩提の直道を圓満せしむ。
と観ずるものもある。

都法の字輪観

次に都法の時は𑖀𑖪𑖨𑖮𑖏の五字を布くとは、諸尊に通じて五大の種子を観ぜよというのであるが、『行法肝葉抄』巻中（大正蔵第七十八巻八八八頁上）には、祕決に云くとして、

諸尊法の時も、字輪観に至っては、此の五字観を作す可し。一門の本尊即普門の法界と成る。

五字の呪字輪観

というから、五字の呪を諸尊に通じて用いてよいということである。五字の𑖀は𑖀𑖡𑖲𑖝𑖿𑖢𑖯𑖟（Anutpāda）の本不生の首字、𑖪は𑖪𑖎𑖿𑖝𑖿𑖪（Vaktva）の言語の首字、𑖨は𑖨𑖕𑖯（Rajā）の諸過塵垢の首字、𑖮は𑖮𑖸𑖝𑖿𑖪（Het-va）の因業の首字、𑖏は虚空を意味する語である。𑖪以下の四字に各本より𑖀を含む故に不可得の義を本来的に具有しているとする。依って、

𑖀字本不生　𑖪字言説不可得　𑖨字塵垢不可得

ā字因業不可得　　a字等空不可得

の循環観法が生ずるのであって、五大願は結極法界の実相と吾我との融会全一を認知し、因縁所生に非ざる不生不滅の真理を体験し、諸法は経験以前の不可得の実相に徹するを期するā字観と同観ということができる。

有点の五大観

『石山次第』には、この五大を順逆に観じ、次に有点の五大について順逆に観じ、更に有点の五大によって展転次第相摂して順逆に観じて後、ā字門を坐の下即ち腰以下に、vaṃ字門を臍の間、raṃ字門を脇の間、haṃ字門を額、khaṃ字門を頂に布字して、この五字を即ち地水火風空の法界の五大に配し、我が身中に本よりこの五大を具するが故に自身即法界・法界即自身、この法界の身即ち変じて窣都婆と成り、是の窣都婆即ち法界なるが故に、諸佛海会悉く其の中に在る。この海会の塔変じて大日毗盧遮那と成って、一切に遍ずるが故に、法界のあらゆるもの如来の身であり、そのように衆生も亦同様である。依って心佛衆生是三無差別と思惟

法界三昧字輪観

桧尾口決字輪観

して、無分別心に住し、心が疲れたら出観せよと説いている。『石山次第』に、

　次に法界三昧に入る、謂わゆる字輪観なり。

と標する所以である。

　次に五字の配置について、『石山次第』には、上図の如く記し、𑖀字門の前に当って𑖪字門有り、𑖀字門の右に𑖨字門有り、𑖀字門の下に𑖮字門有り、𑖀字門の左に𑖏字門有りという。『桧尾口決』には、上図の如く布字して、婀は中央、鑁は下、嚂は左辺、唅は上、欠は右辺なりと『石山次第』と逆の布置にしているのである。これについて『行法肝葉抄』巻中（大正蔵第七十八巻八八七頁中）には、前者は行者の胎蔵五佛に対する布置、後者は行者の金界五佛に対する布置と記している。『行法肝葉抄』巻中（大正蔵第七十八巻八八七頁中）には、前の布字を、諸次第多く以て此くの如しという。前義は醍醐が多く用い、後義は小野が多く用うる所という。但し中院流は概ね後義に依る。無点五大本有の観法、有点五大修生の観法は、表徳・遮情の両般を尽し、大師の教の全教義の結集、菩提を成ずる信念の総和ともなり、具さに観の到るには生涯をかけてこれに対せねばならんことであるが、字を布いて誦じ字相を観じ、不可得の境を得んとして字義を観ずるは、一往のことで、究極は字相字義を離れて無分別観に入るを以て究竟とするのである。

字相字義と字輪観

無分別観とは即ち絶対の境地に入らんとする無相観である。『祕蔵記』（弘法大師全集第二輯三七頁）に、

五字の観に於いて不可得を観ずる、其の意如何。是れは遺迷の義なり、至極の義には非ず。圓明を観ずる、是れ至極の義なり。

無分別観

といい、『大日経疏』第二十（大正蔵第三十九巻七八六頁上）には、

出世間といっぱ、当に知るべし、是の意念誦の法は、文字を離るな

り。豈前来の真言の字等を挠離するを、方に文字を離ると名づけん耶、是くの如きにあらざるなり。謂わく能く字の本性は即ち是れ圓明なりと達し、当に本来不生に住すべき者即ち心是れなり。心の体性圓明清浄に、衆徳を具足して分別なし。当に是くの如きの字を観ずべきなり。

という。不動法の字輪観に、此の観に住し了って字義を失し、言亡慮絶して良久《やや》しうして定を出よというのは、此の意に依るところであろう。字相に依り字義を解して遂に不可得の観門に入り、無分別の境に趣くのは、一座行法の所詮とするところである。

七四　本尊加持

字輪観本尊加持

字輪観の意密を印成する。即ち本尊の意密と行者の意密と合一と印可決定するのである。この本尊加持の前に、大日の印言・潅頂の印明を結誦する。大日の印言については異説もあるが、胎蔵法の尊には金大日の印言、金剛界の尊には胎大日の印言を結誦する。若し本尊の部属を明らかにせざる時は、両部の印言を結誦する。但し次第に唯大日とのみあるは金大日である。中院流の潅頂の印明は、

中院流潅頂印明

外五股 

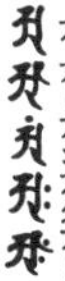

智拳印 

窣都婆印 

である。

三度の本尊加持

前にも挙げた如く、本尊加持の三度あるは、身・口・意三業の実相を見発のためである。

入我我入観――身密

正　念　誦――口密

字　輪　観――意密

三密に亘って各本尊と衆生と合一と印可のために本尊加持が三度ある。

以上三度に亙る本尊加持は次での如く、身・口・意の三密互相渉入の義である。即ち入我我入は行者の身中に本尊を召入する故に、身密の加持。正念誦は本尊の誦じたまう所の真言と、行者の誦ずるところの真言と、無碍渉入の義を観ずるが故に語密の加持。字輪観は心月輪を観ずるが故に意密の加持である。又三度の本尊加持は、即ち三部の諸尊を顕発する義である。

大日真言

真言は《オン バザラ ダ ト バン ア ビ ラ ウンケン》（オーン　金剛界よ、ヴァン　ア　ビ　ラ　フーン　カン）。

七五　佛眼加持

佛眼佛母

散念誦の前に結誦するのは、所作の事業成就のためである。又佛眼尊は三部・五部の総母なるが故にともいう。故に佛眼佛母という。『石山次第』には散念誦の前に「次佛眼加持印明如前」とあり、前に「礼佛」

の次に、次佛母加持として、

二手合掌にして二頭指を各中指の上の節の背に着けよ。二小指・頭指相跓えて中間を開け。二大指の頭相跓えて中間を開け。是れ如来の五眼なり。印を以て胸の前に当て、真言を七遍誦じて身の五処を加持せよ。又面を加持せよ、真言に曰く。

として次に真言を出して、

此の印を結び真言を七遍誦ずるに由って、佛眼佛母聖者加持したまうが故に、諸魔毗那夜迦其の便りを得ず。初作先行の時より乃し求成就の時に至るまで、念誦の遍数を此の尊に献げ奉る。云云

と誦呪の功徳を挙げている。

五眼配当

印に異説あり、五眼の配当にも異説多し。

一、二中の間　中央佛眼

二大の間　東方肉眼

左火風の間　南方天眼

右火風の間　北方法眼
二小の間　西方慧眼
二、右火風の間　慧眼
左火風の間　法眼
二空の間　佛眼
二火の間　天眼
二小の間　肉眼
三、二中の間　中央佛眼
左火空の間　東方法眼
左火風の間　南方慧眼
右火空の間　西方天眼
右火風の間　北方肉眼
（二小を開かず）
四、左火風の間　肉眼

二火の間　天眼
右火風の間　慧眼
二空の間　法眼
二小の間　佛眼

それぞれ相違するが、右の火風の間を慧眼とするのは、火は実智、風は権智、右は聖界で聖者の権実、二智は共に内に法性の空理に住するので、右の火風の間を慧眼とする。南方を慧眼とすることは、平等性智は諸法平等の大空の理を見るが故にというような訳で、それぞれに意義のあることである。何れが何れともいいがたいが、師伝の一説に、

師伝五眼配当

右頭中の間　慧眼
左頭中の間　法眼
右大頭の間　天眼
左大頭の間　肉眼
小指の間　佛眼

五眼所見　というを用うる。五眼の所見は、
肉眼―顕色・形色の麁色を見る。
天眼―顕色・形色の細色を見る。
慧眼―一切智を以て諸法の無自性の空理を見る一乗・三賢菩薩の所得。
法眼―道種智を以て諸法の因縁仮有を見る地前の菩薩の所得。二乗に共ぜず。
佛眼―一切種智を以て諸法の即空・即仮・即中を見る。
三諦不思議の中道の智。

肉天二眼　この中肉・天の二眼は世俗智の分である。真言七遍を誦じて後五処を加

面の五処加持　持し、そのあと真言一遍を誦じて後に面の五処右の眉毛・目、左の眉毛・目を加持する。或いは右の眉毛左の眉毛、右の目左の目と加持をする。真言を誦ずる時は加持せず、加持の時は真言を誦ぜず、真言合して八遍である。即ち身の五処を加持すれば自身全く佛眼尊と成る。故に自ら五

眼を具足する。面上の五処を加持するは直に五眼を開く義である。

佛眼名称

印に五眼を具するを佛眼の印と名づくることは、勝れたるに約して名を立てるのである。

佛眼真言

『石山次第』には「礼佛」の次、入我我入の前と散念誦の前とに出すが、大法立には「礼佛」の次に、別尊法には散念誦の前に一度結誦するを習いとする。

真言は ノウボバギャバトウシュニシャオンロロソボロジンバラチシュタシッタロシャニナラバラタナダニエイソワカ（帰命いたします。世尊の頂髻よ、オーン　ル　ル　閃く光明のやどる成就した眼であり、一切の利益を成就すべきものに於いて、スヴーハー）。

七六　散念誦

散念誦は経軌に正しい沙汰はない。『祕蔵記』の「焼香」(弘法大師全集第二輯三一頁)のところにも、

念誦の時の焼香の法、最初と又現智身と又道場観の始めと、又将に念誦に入らんとする時と、又観念し了って将に供養せんとする時となり。

とあって、散念誦し了って後供養に入らんとする時とはいわれてないし、『石山次第』にも「次散念誦」として下に「任意」とある。「任意」の意味が定かではないが、散念誦の用不は行者の意楽に任すということであろうか。『蘇悉地経』巻中(大正蔵第十八巻六四八頁上)の、

念誦の時亦種種の相を分別せず、持誦了る時応に部尊主の真言を誦ずべし。或いは部母の真言を誦ぜよ。此の真言を誦ぜば当に衛護を得べし。

とあるのが散念誦の拠とされている。『行法肝葉抄』巻中(大正蔵第七十八巻八八八頁上)に、「散念誦事」と標して、儀軌に正しき説処なし云云と。只一

門本尊の悉地を成ぜんために、本尊有縁佛菩薩天等の加被を請うて助業と為すなりというのは、わかつ、副えるの数の字義にも契い、よく散念誦の意を得たものというべきであろう。玄海法印は、散念誦の事、『訶利帝母軌』並びに『金剛童子軌』に見えたりと沙汰されたという。『訶利帝母軌』（大正蔵第二十一巻二九〇頁上）の、

又法、一切の人をして歓喜せしめんと欲すれば、牛黄末を取り、銀器の中に置き、前に准じて無名指を以て攪き、真言を誦持加持すること一百八遍、頭上に点ず。一切の人見て亦皆歓喜順伏す。

であろうし、『金剛童子儀軌』、即ち『聖迦柅忿怒金剛童子菩薩成就儀軌経』巻上（大正蔵第二十一巻一〇二頁上）の、

爾の時に金剛手菩薩、坐より起って佛足を頂礼して一面に退坐す。合掌し佛に向って佛に白して言さく、世尊、哀愍加持し我れに於いて已に蘇悉地の諸真言軌則を軌則律儀教法を説き、我れ今、未来有情及び末法時の福徳無き者のために、以て前世に於いて善品を修せず

諸の罪業を作り、今生に致って貧匱を感じ悪人に逢遇い言訟を闘諍し有情を殺害し、亦未来のために諸の国王有り正法もて国を治め、清浄の信を生じ三宝を尊敬し、隣国小王のために国界を侵擾し正法に遵わず、或いは外道有り因果を信ぜず、三宝を毀謗し佛教を滅壊し、是くの如き等種種の有情有って、見に衆生有って常に悪心を懐き、佛法を破し師に害を善く興さんと欲し、大悲愍念して降伏法を作し、彼の人をして悪業を遂げざらしめ、亦未来を遮し三悪趣に堕し、是の故に此の無比大徳聖迦抳忿怒金剛童子儀軌の法を説く、此の法を修する者当に舎利塔有る前に於いて、或いは河岸の清流水の側に於いて、或いは空閑及び天廟或いは山間に是くの如き処に於いて或時は乳を飲み菜を食い或いは復乞食し、専ら真言を六十萬遍誦ずべし。

と同じである。経軌に正しき拠を得ぬといいながら、今日に於いては一座の修法に欠くことのできぬものである。

散念誦の順序

散念誦は、佛眼・大日・本尊・眷属・結界呪・大金剛輪・一字金輪・

次に本尊は当尊であるから、根本呪・心呪・心中心呪等を尽く誦ずるのである。次に本尊の眷属、部類の尊の明を誦ずる。阿弥陀法には観音・勢至・白衣、釈迦法には文殊・普賢。毗沙門天には吉祥天・禅尼子を誦ずる等である。結界の尊の次に補闕のための大金剛輪の真言を誦ずる。次に一字金輪の真言を誦ずるのは、当尊の真言の悉地成就の一字金輪の次に更に佛眼佛母尊の呪を誦ずるのは、『金輪王佛頂要略念誦法』（大正蔵経第十九巻一九〇頁中）に、

常に功限畢んなば珠を捧げて頂戴して部母尊を誦ぜよ。

所有の功業願わくは尊守護したまえとあるに依る。

近くに金輪尊を礼する人が若し有れば、その威光に依って自分の行法が力を失うので、その予防のために誦呪するのである。

金輪の威光に陰蔽せられて諸尊の徳用の現ぜぬことがある。しかるに佛眼呪の次第に誦ずる。先ず佛眼尊の明を誦ずることは、この尊は佛部の母、一切諸尊の母であり、従って今の本尊は佛眼佛母尊の一子ということになり、行者は本尊の三昧に住して行ずるので、行法の間、此の佛

母の胎中に住して観行をするのである。『時処軌』（大正蔵第十九巻三二四頁中）には、

部母の加持に由って本尊並びに眷属皆共に喜びて愛念したまう。瑜伽者縦い違犯闕法等有れども、矜愍して過を見ず、亦他に凌逼せられず。諸の密語を持する者、若し此の法を作さざれば彼の法成就せず。微きも闕少することを得ず。況んや三麼耶を犯ぜんをや。

と説かれている。散念誦に先ず佛眼呪を誦ずる意分明である。次に大日の真言を誦ずることは、大日如来は普門の総体であるからである。金胎の内何れの尊を誦ずるかのこと異説があるが、ここでは当部の尊、即ち金剛界の本尊には金大日、胎蔵法の本尊には胎大日の真言を誦ずる。部属を明らかにせざる時は、両部を誦ずること、前の字輪観の次の本尊加持の時と同じである。佛眼尊は諸佛の母であるから、この真言を誦ずるに依って、諸尊の威徳が還り生ずるので、佛眼の真言を誦ずるのである。念誦終って数珠を磨りよくよく祈願する。次第に欠けていても必ず誦じ六十萬遍を満じ、即

ち先ず行法し、皆成就し大効験有り、或いは能く縛撲し事を問うに皆如なり。諸鬼魅を摧き、邪見に正法毀謗するを滅除し、懐国の人、闡提等の類、真言の威力に悉く能く彼れをして善心を発さしめ、毒虫青薬も傷害する能わず、又復餘部の諸の持誦者能く此の法を破することを為さず、若し持誦者設い此の法則に依る能わず、或いは増し或いは減じ亦満足を得、又能く諸の伏蔵を開いて念誦するのである。総じて祈願のことは散念誦の終りたるところにて行う。当流にても散念誦に入る時に念珠を磨る説があるがこれは用いない。若し佛眼法を修する場合には佛眼の呪を誦ぜず、直ちに大日真言より始める。

一字金輪真言

真言は《ノウマウサマンタボダナンボロン》（いたるところにおられる諸佛に帰命いたします、ブルン）。

七七　後供養

後供養の焼香

花鬘の散じ様

後供養の前に焼香をする。理供と事供がある。後供養の意義については、『行法肝葉抄』巻中に此の大国の法には、賓客を請じては還向の時必ず饌を薦め盞《かわらけ》を飛ばし、然して後奉送する。今の後供養は即ちその例なりといわれるようにインドでは賓客の還らんとする時、重ねて饗応する風に従って後供養を行ずるのである。茶の湯の作法の強肴の表われとでもいうのであろうか。花鬘は内より外へ

と散ずる。後供養の時も前供と同じく六器の上を越さず壇の外より火舎の上に三度薫ずる等前供と同じである。

七八　閼伽

『行法肝葉抄』巻中には、前供の閼伽は本尊の御足を浴ぎ、後供養の閼伽は御口を洗うのである。五智の智水を以て本尊諸尊の御口を漱ぎ、その功徳に依って行者五智の功徳を得るのである。不空三蔵訳の『成就妙法蓮華経王瑜伽観智儀軌』（大正蔵第十九巻六〇二頁上）に、

則ち左辺の閼伽を取り、捧げて額に当てて奉献して、心中の所求の広大成佛の願を祈る。

とある文に依って、閼伽を献じ終ってこれを捧げ、暫く祈念するのである。

結願作法
佛布施供じ様

結願作法のある時は、後供養の閼伽の次に行う。仏布施のある時は閼伽の後脇机より二つ共に取り、一度に持って焼香に三度薫じ小三股軍荼利小呪にて加持し、 と供じ金剛盤の右左に分け置くのである。

七九　後　鈴

後鈴の典拠は唐の般若三蔵の訳の『諸佛境界摂真実経』巻下（大正蔵十八巻二八四頁中）に、

瑜伽行者、真言を習い已って金剛鈴を振ること三遍。

とある文とされている。『行法肝葉抄』にも後鈴を載せず、小野諸流には後鈴を用うるも広沢には用いない。方今外儀に後鈴を用うるのは小野流に準ずるのである。『高雄記』には、天竺の作法は一切佛事の終りには、必ず既に終るという意を以て鐘を鳴らすなり。今も亦爾なり、一座の行法終るという意にて後鈴を振るなりと行法の終る合図というが、一般には後鈴は奉送で、客人を送らんとする時に音楽を奏して歓喜せしむるためという説を用うる。

広沢流の後鈴

作法は直ぐに左の手で取る。金剛盤と火舎の間で振れというのであるが、局執せぬがよい。殊に晴の時は胸の前で振ってよい。金剛盤に還す時も同じく金剛盤の左より還し、往還共に鈴の音をせぬよう心得ること振鈴と同じである。三度振る時の真言、諸下し片下しも亦同様である。その外は総て前の振鈴と同じように心得る。

八〇　讃

『石山次第』には後供の次に「四智讃」として、

金剛合掌を作して心に当て左に頭を低れよ。是れを敬礼の儀とする。応に美韻の調を以て此の金剛歌を誦唱す。

唵嚩日囉二合薩怛縛僧上蘖羅訶

金剛合掌を改めずして肘を舒べて額に安ぜよ。是れ花鬘を献ぐるなり。清雅の調べを以て此れを称せよ。

嚩日羅二合囉怛嚢二合摩拏多囕引

前の印を膝より漸く上て口に至ってうつせ。是れ歌を奏するなり。即ち誦ぜよ。

嚩日羅二合達磨誐去也奈

心に当て右に金剛合掌を旋転し已って、復た頂上に安ぜよ。金剛舞を進ると名づく。前の調べの如く復た唱えよ。

嚩日羅二合羯磨迦路婆嚩

此の祕密瑜伽供を陳べて歌讃し、如来を歎揚したてまつるに由るが故に、佛と成ること尚を難からず。況や諸の成就を求むるおや。応に知るべし。何を以ての故に、謂わゆる一切の楽《がく》は薄伽梵金剛薩埵の楽には如かず。是の故に速に成就するなり。

と説いてある。今時は舞儀等を用いざること前に挙げた如く、別尊法に本尊讃の有無も前の讃のところに挙げた如くである。

八一　普供養　三力

これは後供養の総供養である。

八二　小祈願　礼佛

小祈願は心中の所求を祈請し、礼佛は行者の願望成就を諸尊に祈り奉るために、羯磨会の三十七尊等を重ねて唱えて礼す。普供養以下前に挙げた如くである。

八三　廻　向

一座行法の功徳廻向

一座行法の功徳を普く一切に廻向する。『摂真実経』巻下（大正蔵第十八巻二八四頁中）に、

行者是の法を作し已って廻向し発願せよ。此の功徳に依って第一には国王、第二には父母、第三には施主、第四には法界の一切の衆生、悉く皆速かに無上菩提を證せん。

随心廻向

と説かれる。形式に大体の定めはあるが、実には行者の意楽に随うべきものである。依って随心廻向という。初めの三宝願海に廻向するのは、修する所の功徳をして広大無尽ならしめんがために三宝に廻向する。所修

身口意三密の廻向

の身・口・意の三密は次の如く佛・法・僧三宝にあたる。三宝に廻向すれば即ち三宝の妙体を成ずるのである。所修の功徳を広大の福田に植えるのである。廻向三界天人、廻向一切霊等は冥道に法施する。聖霊追福の修法ならば、一切霊等の次に廻向過去聖霊増進菩提の句を加える。廻向寺院内安穏或いは廻向伽藍安穏は佛法興隆の願である。廻向護持佛子悉地圓満は行者の悉地成就の願望、廻向自他法界は功徳広大一味ならし

めんために自他法界に廻向する。廻向平等利益は自他平等に利益あらしめん願、廻施法界は六大の体性一心法界に廻向せんとする願。廻向大菩提は所修の功徳をして悉く本有に帰して究竟明了ならしめ、自己の大菩提に廻向するのである。『行法肝葉抄』巻中（大正蔵第七十八巻八八八頁中）に廻向の意義を述べてある。廻向の終二句目の廻施法界はよろしくないと浄厳師が『諸儀軌訣影』巻三にいわれてある。『諸儀軌訣影』巻三に、

總ジテ古夾行法ノ次第《ノ》終《リニ》廻向《ノ》文《ニ》廻向法界《ト云》句アリ。此《ノ》法界《ハ》衆生法界《ヲ》指《スニ》非《ズ》。真如法界六大體性《ノ》事也。乃《チ》仁王經《ノ》儀軌《ニ》顕《ハニ》廻向真如法界《ト》アリ。此《レ》顕了《ナルヿ》也。而《ルヲ》法界《ノ》名《ニ》迷《メ》扠《ハ》衆生法界《ニ》廻向《スルヿ》ソウ也《ト》思《テ》。文句《ヲ》替《カヘテ》見《ミ》バヤ《トテ》廻施法界《ト》書《ケル》次第《モ》アリ。サンザンノ事也。真如法界《ニ》廻施スルトハイハレマジ（續真言宗全書第一巻二〇頁下）。

とある。

八四　廻向方便

不空三蔵訳の『准提軌』（大正蔵第二十巻一八四頁上）に、終りの三部三麼耶の印明を結誦して、礼佛、前の如く、懺悔し随喜し勧請し発願し無上菩提に廻向せよとあるから、五悔を尽く誦じたのであろうが、今は五悔の中廻向のみを唱える。所修の功徳をして廻らして一切衆生及び行者の菩提涅槃に向わしめんとするのである。

八五　解　界

勧請の諸尊を本土に奉送するために結界を解くのである。『准提軌』（大正蔵第二十巻一八四頁上）に、

諸尊奉送

次に阿三麽擬儞二合印を左に転ずる一匝、解界。

とあるが、結界をした順序に逆に解界をする。『十八道次第』には結界をした順序に解界をしている。別行立には逆に解界をする。不空三蔵訳の『仁王経念誦儀軌』（大正蔵第十九巻五一七頁下）に、

前の結界の印を結び、前の真言を誦じ、三遍、左に転ぜよ、即ち解界を成ず。

とあるが、今は結することは難きが故に三遍、解くことは易きが故に一遍ということで、解界には印を左に一遍転じ真言一遍を誦ずる。『準提軌』等に火院のみ解くように説かれているが、大三昧耶・火院・虚空網・結界・方結と解界をする。左に一遍転じて解く。但し地結は期限《ゴカギリ》の内は解かぬ。地結を解かぬのは諸佛の本尊に帰りたまうのに障りのないようにとである。結願の後に解くのは、地結で清浄の地としたところに不浄の事をすることがあっては災を蒙むるが故である。

八六　撥遣

撥遣について『観智軌』（大正蔵第十九巻六〇二頁上）に、三昧耶印を結し頂上に置き、真言一遍を誦じて聖会に奉送すると説いて花座を用いないが、『祕蔵記』（弘法大師全集第二輯三二頁）に、

解界に華を投ぐるは　佛位は是れ常楽我浄なり是れ即ち解脱の位なり　当に観想すべし我覚心の華を以て解脱地に致すと是の観を作すと与に華を投げて　諸佛と共に還って法界宮に入住する　是を解界という。

と花を投ぐることを説かれてある。

撥遣の作法は、先ず左方の花鬘器に残っている正面と左方の二つの花の正面のを残し左の花を右の手の頭指と火指の二つの先きで挟み正面に

持ってきて両手の火指で挟み、『石山次第』には、撥遣の詞として、両中指に花を挟んで印を頂上に置いて、

現前諸如来　救世諸菩薩
不断大乗教　到殊勝位者
唯願聖天衆　決定證知我
各当随所安　後復垂哀赴

奉送真言

唵訖哩二合娑嚩《バク》入声呼之薩縛薩怛嚩二合羅他二合悉地捺《ダ》多引曳他努誐二合糵《ギャラシャ》　磋特鑁二合没駄尾灑焔補娜《ナウ》羅引誐摩那《ナウ》引也都《ト》引四唵嚩日囉二合薩怛嚩二合穆

誦じ已って穆と共に花を壇上に擲げよ。

とあって諸尊を本宮に還らしめたてまつると想えとある。今は花を壇上に擲げず右の手の風火二指にて撥遣の花を壇に置いた花鬘の一番左の花と並べ置いていているのである。不空三蔵の訳である『無量寿如来観行供養儀軌』（大正蔵第十九巻七二頁上）に同じことが説かれ、宝車輅の印を結び大

拇指を以て外に向け中指の頭を撥し聖者の本宮に還るを奉送すとあるから、お迎えの時に花なく奉送の時に宝車輅がないのは影略互顕だなどと伝承しているが元は奉送の時に宝車輅を用いたことは明らかである。五

撥遣真言

部各別の撥遣の真言は、

佛　部――《オンボダボキシヤボク》或いは《ボキシヤボク》

蓮花部――《オンハンドマサトバボク》

金剛部――《オンバザラボキシヤボク》

宝　部――《オンアラタンノボキシヤボク》

羯磨部――《オンカラマボキシヤボク》

金剛部の撥遣は総で五部に通じ、総。別しては右の如く用いる。天等の撥遣については『行法肝葉抄』巻中（大正蔵第七十八巻八八八頁下）に、

天等撥遣

天等の撥遣には花を用いず、只弾指三度して之れを奉送す。

とある。佛・菩薩に弾指を用うることもあって、その時は弾指一度だけである。

八七　回向金

晴れの法会の時は、高野山では帰命頂礼大の大の時に金を打つ。

八八　三部三昧耶

一座の行法が終って三部被甲を用うることは『無量寿如来観行供養儀軌』（大正蔵第十九巻七二頁上）に、

次に三部三昧耶の印を結び各真言三遍を誦ず、然して後被甲護身の印を結び身の五処を印す。

とある。『行法肝葉抄』巻中（大正蔵第七十八巻八八九頁上）の三部被甲の項に、

既に結界を解く。道場を出づ可きが故に猶護身を用う。是れ成佛以後生死に入って衆生に同ずる故に慈悲の甲冑を被《キ》、魔軍のために破

られざるなり。

とある。以上一座の行法の功徳は、初めの三部より出生する。

誦呪——蓮花部
観念——金剛部
印契——佛　部

この三部還って三部に帰するを表すのである。浄三業の印明を略するのは、浄三業は総、三部三昧耶は別なり。総別の用不、相違なしとある。『石山次第』には三部三昧耶被甲がなく、結宝印を出す。

八九　礼佛　出堂

出　　堂

諸佛を礼して下礼盤出堂する。即ち『行法肝葉抄』巻中（大正蔵第七十八巻八八九頁上）に、

法身の諸佛を礼して内證の殿堂を出づるなり。即ち穢土化他に赴く

の意なり。云云

という。下礼盤三礼をして後、橦木を磬架に掛けるのである。撥遣の後に拍掌があるのは、即ち『行法肝葉抄』巻中（大正蔵第七十八巻八八八頁下）に、一座の事業究竟する故に歓喜すという。猶『行法肝葉抄』巻中（大正蔵第七十八巻八八九頁上）の終りには、一座の行法を因行證入の次第に配当している。曰く、

一座行法の配当

一座行法 別行

発菩提心より五大願に至る　因

四無量より礼佛に至る　行

入我我入より本尊加持・正念誦　證

字輪観　入

散念誦 初加行位　利益衆生の方便具足

抑一座行法の大意は、真言行者此の教に遇い一念発心の時、即ち自心の本覚を知るが故に其の後の一座の行法の次第皆衆生に向う化他

の事業なり。若し二種の覚を具する義辺に約せば、始覚門に拠らば、一座の行儀即一座成佛修生の事業なり。若し凡夫宿善分の行に約すれば出観の時等猶凡夫なるが故に、被甲護身等を用うる次第を作したまう。祖師先徳此れ等の用意を存するが故に一座の行儀に於いて已究竟未成佛等の観念等相交うるなり。又今の教は一印一真言一句一字に各頓極成佛の功能有り。然りと雖も次第を作す時は、竪の一義に就いて彼の一切の能を取って因行證入等の次第と為すなり。又行者の心未だ相応せざる間は、一座行法等猶宿善分と成りて、当機に非ざるが故に、未だ外応の神通等を成ぜざるなり。此れ等の意を得ば諸難通ず可し。又一座の行儀に於いて横竪有る可し。竪の中の横、横の中の竪、順観旋転等の十六玄門の儀、只一途を守って迷乱す可からず。

道範阿闍梨が七百三十年以前に於ける、一座行法の縦横二利の義辺信念思うべしである。

九〇　修行の用心

『慈氏菩薩略修愈誐念誦法』善無畏訳（大正蔵第二十巻五九五頁中取意）には、

印契を結べば行者の身その儘本尊の身と成る。鬼神等本尊の真身と見て畏警す、菩薩明王等はこれがために親しく助けて求願する所を速かに成就せしむ。

とあり、『六度経』（大正蔵第八巻八六八頁下取意）には、陀羅尼蔵に依って成佛すと説くが、『大日経疏』第二十（大正蔵第三十九巻七八三頁上）に、

彼の行者猶身印と真言と及び本尊を観ずるは、三事和合するが故に本尊即ち自ら道場に降臨し来って加被するなり。

と。又『同疏』第十五（大正蔵第三十九巻七三九頁中）には、

今悉地不思議の神変も亦是くの如し。但し猶真言の観と本尊と及び身印等の縁に由って而して悉地を成ず。真言によるが故に口業浄

く、本尊を観ずるが故に意業浄い印の故に身業浄し、三事平等の故に自然に而も不思議の業あり。

と。『即身成佛義』（弘法大師全集第一輯五一三頁）には、

手に印契を作し口に真言を誦じ、心、三摩地に住すれば、三密相応して加持するが故に早く大悉地を得。

と。『真言問答』（弘法大師全集第四輯一六八頁）には、

若し三が中に一をも闕すれば即ち平等の処に至ること能わず、車の一輪闕すれば、都て所到なきが如し、是れ即ち三平等の義なり。

とある。『演密抄』（続蔵経第三十七套八頁左下取意）には

此の経は三密を以て宗となす。行者口に真言を誦じ、心に本尊を想うと雖も、若し密印を持せざれば則ち三密具せず、世の鼎の三足一をも闕すれば不可なる如く、又伊字の三点一をも闕すれば成ぜざるが如し。

三密為宗

とある。三密双修の行を行ずることのできるのは、偏えに信に依るので

ある。『遊心法界記』（大正蔵第四十五巻六四五頁中）にも、
信は道の元となし、功徳の母なり。
とある。『大智度論』第一（大正蔵第二十五巻六三頁上）には、
仏法の大海は信を能入とす。
と説く。信は萬行のもとなることを知らねばならぬ。大いなる道は大いなる自己滅却より発する。無上の生命を一擲してこそ、無上の大道を得ることができるのである。大我を得るには小我を捨てなければならぬ。自己が本来具えている大菩提心は、小我を去って大我に就く所に発揚し来るのである。一座行法の真髄は、入我我入にある所以である。

九一　一尊法　本尊加持

以下一尊法の本尊加持等について恩師より受けたところを記したが、中には口授相伝を受け損ったものもあるので、本次第により一尊法を修

せんとする方は、御存じよりの阿闍梨より必ず一尊法について口授相伝をお受けになって修せられんことを希う次第である。

阿弥陀法

阿弥陀法（蓮華部）

根本印信とは『無量寿軌』にいう。二中指を立て合すは中台観自在。外転の八指は八葉の八佛、又八分の肉団。観音は衆生本有の心蓮なり。この教の意は即事而真を宗の旨となす。依って外縛は生死の淤泥、中指は法性の心蓮と観じ、生死の淤泥の中より心蓮を出生する義を結び顕わすなり。又蓮花部赤色の故に二火を立つるなり。

大呪或いは十甘露の呪というは、呪の中に十の阿密栗帝あるが故なり。𑖀𑖦𑖴𑖝を甘露と訳す。甘露の体は三毒・五欲を滅す。

又印、定印は説法・断疑の徳を具す。手を放てば来迎の印となる。

愛染法

愛染法（金剛部）

根本印　内縛二中指を右を上にして交う。これ染の義である。理智冥合定慧不二の意である。左中指を少し曲げる。弓に擬すなり。

三昧耶一字印　『瑜祇経』の瑜伽成就品の所説。三明二印の中、初めの印言は大日の所説、次の二明一印は外五股金剛手の所説なり。外五股・内五股は内外の不同のみ、別の印に非ず。

光明真言法

光明真言法（佛部）

外五股印五字明。五股印は金剛界智なり。明は胎蔵五字明両部不二・事理不二の義なり。五股印は五峯各一光を放つ。各具五智の義思う可し。手足指の端ごとに光明あり。仍って百光遍照と名づく。故に胎大日を以て本尊とするなり。この印明を以て八寒・八熱の地獄を照すなり。

五色光印　五指は五大、五佛・五輪・五智等なり。五指より各五色の光を放つ故に二十五、左右の手合すれば五十、両足を合して百光遍照の大日なり。

五色五道

五色が五道を照すこと、

小指―地獄　無名指―餓鬼　中指―畜生　頭指―人道　大指―天道

修羅は天畜鬼の三を摂す。

弘法大師法 弥勒

弥勒印明、この尊は不動（胎）降三世（金）を眷属としたまう故に両部不二と習うなり。

観想《セヨ》 妙高山上《ノ》 虚空《ニ》 有《リ》二四十九重《ノ》 摩尼宝殿一其《ノ》 中央《ノ》 殿内《ニ》 有《リ》二大壇一壇上有《リ》二[梵字]字一成《ル》二宝蓮花台《ト》一台《ノ》 上《ニ》 有《リ》二[梵字]字一変《ソ》 成《ル》二五輪塔《ト》一塔変《ソ》 成《ル》二弥勒菩薩《ト》一首《ニ》 着《シ》二宝冠《ヲ》一手《ニ》 結《フ》二定印《ヲ》一印《ノ》 上《ニ》 有《リ》二五輪塔一相好圓満《シ》 聖衆囲繞《セリ》 為《ニ》レ引《カンカ》二 三会得股《ノ》 機《ヲ》一入《リ》二慈心三昧《ニ》一以《テ》二大悲方便《ヲ》一心《ノ》 上《ニ》 観《ス》二[梵字]字《ヲ》一従《リ》レ字放《テ》二光明《ヲ》一普《ク》 照《シ》二衆生界《ヲ》一罪障悉《ク》 消滅《セント》 此《ノ》 [梵字]字変《ソ》 成《ル》二如意宝珠《ト》一常《ニ》 雨《ソ》二萬宝《ヲ》一福徳充足《ス》 此《ノ》 宝珠変《ソ》 成《ル》二大師遍照金剛《ト》一右《ノ》 手《ニ》 執《テ》二五股《ヲ》一加持《シ》 門跡《ノ》 弟子《ヲ》一左《ノ》 手《ニ》 持《ツ》二念珠《ヲ》一除《キ玉ヘリ》二 我等無智《ノ》 惑《ヲ》一

弘法大師如意輪

観《セヨ》 壇上《ニ》 有《リ》二[梵字]字一変《ソ》 成《ル》二五峯八柱《ノ》 宝楼閣《ト》一其《ノ》 中《ニ》 有《リ》二[梵字]字一変《ソ》 成《ル》二倚子臺《ト》一其《ノ》 上《ニ》 有《リ》二草座一上《ニ》 有《リ》二[梵字]字一放《チ》二金色《ノ》 大光明《ヲ》一照《ス》二十方世界《ヲ》一字変《ソ》 成《ル》二如意宝珠《ト》一宝珠変《ソ》 成《ル》二高祖弘法大師《ト》一身肉色《ニソ》 著《シ》二香衣《ノ》 服《ヲ》一右《ノ》 手《ニ》 持《チ》二

五智金剛杵ヲ一左ノ手ニ執ル二両果ノ念珠ヲ一内ニハ斂《カクシ》二大乗ノ身ヲ一外ニハ現ス二小国沙門ノ形ヲ一
晝夜ニ愍ンテ二萬民ヲ一住ス二普賢悲願ニ一遍照金剛根本高祖是レ也。

宝珠印　外縛二頭二中二大宝形　

三度　外縛二頭二大宝形　　三度　外縛二大宝形　

　三度

釈迦法（佛部）

根本印　此の印に異説多し。空火相捻するは胎蔵軌の所説なり。

又印　この印にも異説あり。今の袈裟の二角を取るは、『疏』の第十三青龍の儀軌の説なり。二角を取ることは『演密鈔』第八に、異生及び二乗をも捨てず出離せしむることを表すという。初めに異生の煩悩を離れ、次に二乗の煩悩を離れんがためである。

十一面法（蓮華部）

根本印　金剛合掌を深く交ゆるを祕事とす。両指に行者の面を加えて十一面と観ず。金合は五凡五聖の十界なり。凡聖不二の故に両部不二の

根本印と名づく。法性無明倶に常住不壊の故にこれを金剛という。十界の依正は法性の大日なれば、十指を合して本有十界の面を表はす。是れ則ち胎蔵の義、自身の面はこれ五智圓満の功徳を表はす。これ則ち金剛界の義。

八葉印　八葉は是れ四佛四菩薩、両掌は法性大日中台なり。故に八葉九尊と観じ、千手の如く宝珠を観ぜず。

聖観音法

聖観音法（蓮華部）

根本印　右の大指を立つるは、胎蔵曼荼羅の観音院は中台の右なるが故に、或いはこれを阿弥陀如来と観ずるなり。

又印　法菩薩の印を用うることは、十六大菩薩の中の法菩薩は観音なるが故なり。二風の未敷蓮花は三形なり。風に開花の功有れば、衆生本有の心蓮を開示すべきを表示す。

地蔵法

地蔵法（佛部）

根本印　中指を離し立る。これは地蔵尊の黒白の二幢を表わす。地獄の衆生の悪増する時は黒幢、善増する時は白幢が表はれるのである。地獄の衆生の善悪の増減は、後世の追善の増減に依る。又福智の二厳、定慧の幢、佛界と衆生界、生死と涅槃を表わすという。又二中を開くは宝珠より萬宝を降らす義とす等多義あり。

真言の𑖨𑖨𑖨は声・縁・菩を表はす（三因）故にこの印を三乗の印という。今の真言は『大日経疏』第十三（大正蔵第三十九巻七一八頁下）に出でたり。

如意輪法

如意輪法（蓮花部）

根本印　二地二水は理智の体輪、二大は幢、不二を表はす。又二地二水を直く立るは宝幢、宝幢、二中指は蓮花、二頭指の宝形は宝珠にて、これは幢の上に宝珠、宝珠の上に蓮花の義で、三昧耶形の蓮花、幢、宝珠を表はす。

根本印は本有にして、次の心印は修生の義を表はす。

心印　二地二水外縛、二中・二風・二空は三弁宝珠の体を表はす。

心中心印　二頭指宝形は宝珠、二水は幢（転法輪の義）二地は輪なり。

弥勒法

弥勒法（佛部）

根本印　瓶印という。瓶・塔共にこの尊の三形なり。

又印　金合して各三旋するは三会説法の義なり。これを転法輪という。『疏』にこの印を迅疾持印という。迅疾持とは弥勒尊なり。

又印　虚合云々。全瓶印なり。

薬師法

薬師法（佛部）

初めは五種の印明悉く用い、後二度は本尊の二印二明のみ用う。

法界定印　定印の中に薬壺を観ず。壺の中に十二浄願の薬を入れ、末代の衆生の心病を度脱すと観ずるなり。

又印　二手内縛二大並べ立て三度来去、二大指と頭指の中を開き、薬壺の口の形の如くす。衆病は四大の不調より起る。この印は四大不調を表はす。謂はく、左の地水火風は行者の四大不調。右の四指は本尊の調利の四大なり。今の印は本尊・行者の四大冥会して一体不二の故に衆病悉除して身心安楽ならしむる誓願を表はす。この時は二大指を壺の蓋と習い、二大来去は蓋を開いて薬を与うるなり。

日光菩薩印明　二度を圓にするは日輪、餘指を立つるは光を顕はす。

月光菩薩　持花とあるも花を持つに非ず。頭大の二指の端合するは蓮華の如くなるが故に持花というなり。

十二神将　胎蔵の諸夜叉の印を引き開いたる半印の形なり。

中川　善教（なかがわぜんきょう）
明治40年(1907)生まれ　高野山大学教授・高野山大学学長・高野山大学密教文化研究所所長を歴任・高野山大学名誉教授　文学博士
平成二年三月寂
著　書　讃父母恩重経　科・校異大乗起信論
仏教学論集　漢和対照十巻章　八千枚護摩供他

中院流 諸尊通用次第撮要

2013年 2 月20日　　初版第1刷発行
2018年12月 8 日　　初版第2刷発行

著　者　中 川 善 教
発行者　稲 川 博 久
発行所　東方出版（株）
大阪市天王寺区逢阪2-3-2
電話　(06)6779-9571
FAX　(06)6779-9573
印刷所　シナノ印刷（株）

乱丁・落丁本はお取替いたします　ISBN978-4-86249-215-9

諸尊通用次第 中院	中川善教 編著	一二、〇〇〇円
一座土砂加持秘法 中	中川善教 編著	八、〇〇〇円
中院流日用作法集 全3巻	大山公淳 新編	一五、〇〇〇円
中院流日用作法集 伝授録	大山公淳 述	七、〇〇〇円
真言宗法儀解説【新装版】	大山公淳	一、五〇〇円
現代語訳 真言秘密行法	八田幸雄	二八、〇〇〇円
真言宗在家勤行講義	坂田光全	一、二〇〇円
真言宗常用経典講義	坂田光全	一、二〇〇円
弘法大師 空海百話【新装版】	佐伯泉澄	一、〇〇〇円
弘法大師 空海百話 II	佐伯泉澄	一、〇〇〇円

＊表示の価格は消費税を含まない本体価格です＊